KB028042

**휘둘리지 않는 말투
거리감 두는 말씨**

나를 휘두르는 타인으로부터 자신을 지키는 책

휘둘리지 않는 말투
×
거 리 감 두는 말씨

Joe 지음
이선영 번역

RITEC
CONTENTS

2장 METHOD 1

누구도 파고들 수 없는
베이스를 만들어라

5장

사람을 끄는 매력적인 인간이 되는 법

당신은 왜 휘둘리는 걸까?

부탁을 거절하지 못한다.

인간관계에서는 언제나 상대방에게 주도권을 빼앗긴다.

항상 왠지 모르게 이용당하고 있는 것 같은 생각이 든다.

사람을 만나고 오면 마음이 개운하지 않다.

이 중 당신은 몇 가지에 해당하나요?

상대가 싫으면 거리를 두면 그만이라는 말도 있지만 인간관계는 그만큼 단순한 것이 아닙니다.

직장에서의 인간관계, 가족, 친구, 친척들과의 복잡한 관계 등 멀어지고 싶어도 그러지 못하는 상대도 있을 것이고, 애매한 관계에 놓인 상대도 있을 것이기 때문입니다.

휘둘리지 않는 말투, 거리감 두는 말씨

그렇더라도 상대가 원하는 대로 모두 맞춰주거나 부탁을 거절하지 못하는 성격은 고치고 싶을 것입니다.

당신은 어째서 항상 남에게 휘둘리는 걸까요?

타인에게 휘둘리기 쉬운 사람들에게는 공통점이 있습니다.

항상 상대방에게 자신의 마음을 너무 활짝 열어놓고 있다는 것입니다.

당신은 마음을 늘 열어놓고 있어 무방비 상태이고, 주위의 어떤 사람과도 쉽게 관계를 맺습니다. 그래서 다른 사람들의 입맛대로 조종당하기도 쉽습니다. 그런 상태를 일반적으로 "타인에게 휘둘리고 있다."라고 말합니다.

그러면 구체적으로 어떻게 하면 남에게 휘둘리지 않고 자신의 의사대로 마음의 문을 열고 닫을 수 있을까요?

사실, 당신의 마음속은
아무도 알지 못합니다

결론부터 말하자면, 사실 당신의 마음속은 아무도 보지 못합니다. 그리고 당신의 감정이 누군가와 연결된 것도 아닙니다.

당신의 감정, 사고방식, 성격 등은 모두 당신 마음속에 있으며, 당신 이외의 누구에게도 보이지 않습니다.

만일 누군가가 당신의 마음을 꿰뚫어 본 느낌을 받았다 해도 그것은 단지 그 사람이 당신의 말과 행동을 통해 당신의 생각을 추측한 것에 불과합니다.

결코 당신의 속마음을 들킨 것이 아닙니다.

혹시나 당신이 상대방을 투영해 마음속을 꿰뚫어 보고 있다고 느꼈다면 그것은 단지 당신이 마음대로 움직이고 있기 때문입니다. 결과적으로 마치 자신의 마음속까지 볼 수 있다고 착각하고 있을 뿐입니다.

마음먹은 대로
행동하지 않는 것이 좋다

이렇게 생각하면 당신이 다른 사람에게 휘둘리지 않는 방법을 쉽게 알 수 있습니다.

그저 내 마음과 다르게 움직이면 그만입니다.

원래 당신의 마음과 언행은 같지 않은, 서로 별개의 것입니다. 사람은 누구나 언제든지 자기 마음과 다른 행동을 할 수 있습니다.

'마음대로' 행동하는 것이 아니라, '마음을 위해' 행동하는 것입니다.

앞서 말했듯이 사람이 다른 사람의 마음속을 꿰뚫어 보는 것은 불가능합니다. 특별한 능력을 가진 초능력자가 아니라면 타인의 마음은 그 사람의 말과 행동으로부터 추측할 수밖에 없습니다.

만약 당신이 또 한 번 누군가에게 휘둘리게 된

다면, 상대 앞에서 의도적으로 마음과 다른 행동을 해 보세요. 그러면 상대는 당신의 마음을 추측할 수 없게 되므로 당신을 휘두를 수 없게 되고, 그로 인해 당신은 상대에게 자신의 마음을 숨길 수 있게 됩니다.

물론 모든 사람에게 마음을 숨길 필요는 없습니다.

당신이 마음을 열고 싶은 사람에게는 얼마든지 마음을 보여줘도 좋습니다. 그래야 친밀감을 쌓고 보다 깊은 관계를 형성할 수도 있을 것입니다.

여기서 여러분에게 말하고 싶은 것은, 모든 사람에게 그렇게 하지 않아도 된다는 것입니다.

세상에는 당신에게 호의적인 사람들만 있지 않습니다. 그들 중에는 당신을 마음대로 휘두르고 싶어 하는 사람도 있습니다.

당신이 그런 사람들에게까지 마음을 연다면 상대는 당신의 그 말과 행동으로부터 마음을 추측해 당신을 쉽게 조종하고 휘두를 수 있다고 인식할지도 모릅니다.

휘둘리지 않는 말투, 거리감 두는 말씨

이 책에서는 당신의 '마음 컨트롤을 위해' 실천할 수 있는 구체적인 43가지 기술을 소개합니다. 이 책의 방법 이론(Method)을 완벽하게 습득하면 당신도 마음과 분리된 말과 행동을 선택할 수 있게 될 것입니다.

그리고 그것이 가능해지면 상대방은 당신의 마음을 읽을 수 없어 당신을 휘두를 수 없게 되고, 당신이 어떻게 움직여야 상대방에게 존중받을 수 있는지도 알게 됩니다.

게다가 자신에게 알맞은 말과 행동을 선택할 수 있게 되므로 결과적으로 스스로 성장하는 계기가 될 것입니다.

마음과 행동을 분리하고, 그것들을 자유자재로 활용하는 기술은 당신의 인간관계를 편안하고 풍부하게 만들어 줄 것입니다.

휘둘리지 않는 말투, 거리감 두는 말씨

☑ 이 책의 요점

♦ 마음과 행동은 별개의 것입니다. 당신은 자신의
  마음과 행동을 분리하여 더 이상 손해 보지 않
  도록 할 수 있습니다.

♦ 마음이란 자신의 본질이며 당신이 지켜야 할 매
  우 중요한 것이기 때문에 전혀 바꿀 필요가 없
  습니다. 오히려, 그것을 바꾸지 않고 지키기 위해
  말과 행동을 바꿔 상대에게 보이세요.

♦ 사람은 원래 타인의 마음을 간파할 수 없습니다.
  다른 사람의 마음속은 단지 상대방의 말과 행동
  에서 추측하고 있을 뿐이므로, 당신이 의도적으
  로 자신의 마음과 분리하여 말과 행동을 선택하

면 상대는 당신의 마음을 알 수 없게 됩니다.

♦ 마음을 꿰뚫지 못하면 그 사람은 당연히 당신을
휘두를 수 없고, 오히려 지금까지보다 당신을 존
중하게 됩니다.

♦ 마음과 행동 사이의 미묘한 차이를 만들어 신비
로운 매력으로 상대를 끌 수 있게 됩니다.

♦ 자신에게 알맞은 말과 행동을 선택할 수 있게 되
면서 한 단계 성장한 인간이 될 수 있습니다.

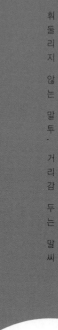

휘둘리지 않는 말투, 거리감 두는 말씨

1장

좋은 인간관계는 적당한 거리감이 유지되어야 한다

상대와 거리 두기를 잘 하는 사람

상대와의
최적의 거리를 잰다

신뢰할 수 있는
사람에게만 보이는
진정한 **내 모습**

관계가 끊기지 않도록
친절한 태도를
적절히 유지한다

거리가 너무 가까울때
무게감을 사용한다

인간관계는 가까울수록 좋다는 착각

인간관계 고민의 약 90% 이상은 '거리감'의 개념을 잘못 알고 있는 데서 시작됩니다.

아쉽게도 적당히 좋은 거리감이라는 것은 보편화할 수 있는 것이 아니라 상대와의 궁합에 달려 있는 것입니다. 부부를 예로 들면 항상 함께 지내는 부부가 있는가 하면, 그만큼 함께 지내지 않는 것이 원만한 부부관계의 비법이라고 하는 부부도 있습니다.

비슷한 예를 들자면 매일 연락하며 서로의 일상을 세세히 공유하고 있는 친구 사이도 있는가 하면, 아무리 친한 친구라고 해도 가끔 보고 싶을 때 만나 좋은 시간을 보내는 정도가 좋다고 하는 사이도 있습니다.

또한, 부부라면 이 정도의 거리감, 친한 친구라면 이 정도의 거리감을 정확한 값으로 결정할 수 없습니다. 이 사람과는 이 정도, 저 사람과는 저 정도라는 식으로 상대와의 궁합에 따라 각각의 관계에서 적당한 거리감은 서로 다릅니다.

따라서 좋은 인간관계를 위해서는 "이 거리감이 맞을까?"라고 항상 자문자답하는 것이 필요합니다.

만약 지금 당신을 휘두르는 사람이 있다면 아마도 그 사람의 권유나 부탁을 '어떻게 거절할까?'하고 골머리 썩는 일도 많을 것입니다.

지금 당신에게 그런 상황이 벌어졌을 수도 있습니다. 물론 거절하는 방법에도 요령이 있습니다. 이 책의 3장 'Method 2'에서는 거절하는 방법을 다양하게 소개하고 있으니 현재 거절하고 싶은 일이 있다면 먼저 Method 2를 읽고 실천해 보는 것도 좋습니다.

그렇지만 여러분이 궁극적으로 원하고 있는 것은 '휘둘리지 않는 인간관계'가 아닐까요?

지금 바로 당신을 휘두르는 사람들, 그리고 앞

으로 새로 만나게 될 사람들, 어느 누구에게도 절대 끌려다니고 싶지 않을 것입니다.

그러기 위해서는 적당한 거리감을 유지하는 것이 필요합니다.

모든 사람이 이런 문제로 어려움을 겪고 있는 것은 아닙니다. 하지만 지금 이 책을 읽고 있는 당신은 주변 사람에게 휘둘리느라 지쳐 있을 것입니다. 그 이유는 바로 다른 사람과의 거리감을 잘못 재고 있기 때문입니다.

제가 지금까지 본 바로는, 쉽게 휘둘리는 사람은 대부분 과도하게 상대에게 접근하려고 하는 사람입니다. 가까워지면 가까워질수록 내면이 보이기 쉬워지므로, 이것 또한 마음을 읽혀 버리는 요인이 됩니다.

그러면 왜 가까이 가려고 할까요? 그것은 인간관계는 가까우면 가까울수록 좋은 것이라는 잘못된 확신 때문이라고 생각합니다.

당신도 그럴 수 있습니다. 상대로부터 부당한

취급을 받고 있다고 느꼈을 때도 '나의 친밀함이 부족했기 때문이다.', '나를 더 자주 보여주면 잘 될 것이 틀림없다.'라고 믿고 상대와의 거리를 좁히려고 하고 있지 않습니까?

그것이 더욱 휘둘리는 원인이 될 가능성을 높이는 것은 아닐까요?

실제로 상담할 때도 물리적 또는 심리적으로 상대와 거리를 두면 상황이 바로 개선되는 경우가 대부분입니다.

피해자가 나를 좀 알아봐달라며 가해자에게 너무 가까이 접근하는 일이 오히려 가해자를 부추기는 것입니다. 그러니까 반대로 거기서 거리를 두는 것만으로도 상황은 극적으로 개선될 수 있습니다.

'사자와 얼룩말'을
같은 우리에 넣지 마라

인간관계란 너무 멀어져도 안 되는 것이지만, 가까운 게 무조건 좋다는 것도 아닙니다.

인간관계란 상대와의 거리감을 측정하면서 자신에게 알맞은 상태로 조정해 나가는 것입니다. 현악기의 현(絃)을 적당한 긴장감으로 조율해야 가장 아름다운 소리가 들리는 것처럼요.

우선 어느 정도의 거리를 유지했을 때 휘둘리지 않고 관계를 지속할 수 있을 것 같은지 객관적으로 판단해 봅시다.

만약 그 거리감보다 지금 현재의 당신과 상대의 거리감이 가까운 것 같으면, 지금부터는 더 거리를 두어봅시다.

이를 위해 많은 용기가 필요할 수 있으니 마음의 준비를 해 두세요.

'거리를 두다니 슬픈 일이다.', '그런 건 상대방에게 무례한 일이다.'라는 생각이 들 수도 있습니다.

우리는 어릴 때부터 모두 사이좋게 지내라는 가르침을 받으며 자랍니다.

덧붙여, 휘둘리기 쉬운 사람은 대개는 '좋은 사람'이므로, 거리를 두는 것은 무례하다고 생각할 수 있습니다. 그럴 때는 다음과 같은 생각을 해 보세요.

당신이 동물원의 사육사라고 해 봅시다. 사자와
얼룩말을 같은 우리에 넣을까요?

사자는 배가 고프면 얼룩말을 덮쳐서 잡아먹
어 버릴지도 모르기 때문에 당연히 함께 넣지 않
습니다.

사자와 얼룩말이 함께 할 수 없는 것은 슬픈 일
이 아닙니다. 사자는 육식동물, 얼룩말은 초식동물
로 각자의 성질이 다르기 때문에 양쪽 모두 살리
고 싶다면 같은 우리에는 넣지 않는 것이 좋다, 그
뿐입니다.

인간관계도 마찬가지입니다.

당신이 얼룩말이고 상대가 사자라면, 상대에게
접근하는 것은 '저를 잡아먹어 주세요.', 즉 '나를
마음껏 휘두르세요.'라고 스스로를 바치는 것과 같
은 것으로, 서로의 거리가 지나치게 가깝다고 볼
수 있습니다.

앞으로는 이 사람과 나의 거리감이 이 정도가

맞을까 생각해 보세요. 그리고 너무 가깝다고 느껴지면 일단 거리를 두세요.

그것은 슬픈 일도, 무례한 일도 아닙니다. 그저 사실에 입각한 판단일 뿐입니다.

사랑받고 싶은 걸까,
미움받기 싫은 걸까
상대를 분류하라

인간관계는 거리감이 전부입니다.

그렇다면 상대와의 적절한 거리감은 어떻게 측정해야 할까요?

먼저 상대를 다음과 같이 두 가지로 분류하는 것부터 시작합니다.

나에게 그 사람은
① 사랑받고 싶은 상대인가?
② 미움받으면 곤란한 상대인가?

즉, 상대가 자신을 사랑해 주었으면 하는 것인가, 아니면 딱히 사랑받고 싶은 것이 아니라 단지 미움받지 않고 평화로운 관계를 유지하고 싶을 뿐인가.

상대방과의 관계에서 사랑과 평화 중 어느 쪽을 원하는지 생각해 보세요.

이 분류는 연인에게도 친구에게도 상사에게도 동료에게도 가족에게도, 더 나아가 모든 인간관계에 해당합니다.

'나는 그저 이 사람에게 미움받기 싫을 뿐이었구나.'라고 생각했다면 '인간관계는 가까울수록 좋다.'라는 믿음에서 벗어날 수 있고, 거리를 두는 것을 슬프다거나 무례하다고도 생각하지 않고 관계를 유지할 수 있을 것입니다.

위험한 것은 사랑으로 분류되는 경우입니다.

'이 사람이 나를 좋아해 줬으면 좋겠어, 사랑받고 싶어.'라고 생각하는 관계가 있습니다.

서로가 서로에게 소중한 관계라면 문제없습니다.

하지만 상대에게 멋대로 휘둘리는 것이 힘들다고 생각했다면, 왜 항상 이렇게 되는지 이 관계에 대한 의문이 생긴다면, 그 상대는 당신을 사랑하지 않는 것입니다.

아무리 상대가 "당신을 위한 거야.", "좋은 쪽으로 생각해."라고 말해도, 당신의 의견은 존중되고 있지 않습니다.

상대는 당신을 사랑하지 않는데 당신 혼자 일방적으로 사랑을 갈구하는 태도를 취하고 있으므로 휘두르고 휘둘리는 관계에 빠지기 쉬워집니다.

이런 경우 일단 사랑은 제쳐두고 우선 평화를 염두에 둔 태도를 보이는 것, 즉 적어도 미움받지 않고 평화로운 관계를 쌓아 올리는 것을 목표로 하는 것이 최선입니다.

사랑받고 싶더라도 지금은 '일단 미움받지 않으면 괜찮아.'로 바꿔봅시다.

다음으로 상대와 얼마나 자주 만나는 것이 좋은가에 대해 생각해 보겠습니다.

매일 만나는 게 좋을까, 일주일에 한 번일까, 한 달에 한 번일까, 반년에 한 번이 적당할까.

어느 정도의 빈도가 가장 평화적으로 길게 상대와의 관계를 쌓아 올릴 수 있을까요?

이러한 시각에서 상대와의 관계성, 거리감을 재검토해 보는 것만으로도 지금부터 소개할 기술들을 활용하는 것이 한결 쉬워질 것입니다.

인간관계를 계산적으로 생각해 거리를 두는 것은 슬프다, 너무하다는 생각이 줄어들기 때문입니다.

인간관계란 사람과 사람 사이의 일이기 때문에 완전하게 당신이 주도권을 쥘 수 있는 것이 아닙니다. 그러나 의식적으로 스스로의 말과 행동을 통제하는 것으로 관계에서의 주도권을 잡는 것은 가능합니다.

의식적으로 자신의 태도를 바꾸어 상대가 절대 나를 휘두르지 못하도록 주도권을 잡는 법, Method 1에서는 이를 위한 기술을 소개합니다.

사람에 대한 '호불호'를
'그저 그렇다'로 만들어라

상대에게 필요 이상으로 접근하지 않기 위해서
는 '좋아한다, 싫어한다.'라는 감정을 없애버리는 것
도 효과적입니다.

감정은 머리의 용량을 차지하는 법입니다. 좋아
하든 싫어하든, 상대에게 특정한 감정을 품는 것만
으로 쓸데없는 머리를 써서 지쳐버립니다.

감정을 쓸만한 상대라면 얼마든지 쓰면 좋겠죠.
하지만 당신을 휘두르는 사람에게도 감정을 사용
할 필요는 없습니다. 그러니 상대를 '좋다, 싫다.'가
아닌, '그저 그렇다.'라고 생각하면 됩니다.

서비스업 만족도 설문조사에서는 매우 만족, 만
족, 보통, 약간 불만, 불만이라는 식으로 항상 중간
에 보통이 있습니다.

그런데 인간관계에 대해서는 무의식중에 '좋다.',
'싫다.' 중 한쪽으로 분류하려고 합니다.

정말 좋아해—좋아해—그럭저럭 괜찮아—조금

휘둘리지 않는 말투, 거리감 두는 말씨

싫어—싫어—정말 싫어해, 라는 단계가 있지만, '좋아해.'와 '싫어해.' 중 어느 쪽을 선택해야만 한다고 생각해 버립니다.

만족도 설문조사에는 당연히 있는, 중간이라는 게 없는 것이죠.

이것 또한 상대방과의 거리를 잘못 측정하게 되는 원인이라고 생각합니다.

당신은 당신을 휘두르는 사람을 곤란하다고 생각할 뿐 싫다고 생각하지는 않을 것입니다.

그리고 '싫지는 않다.'라고 생각하면, '그저 그렇다.' 이상의 감정을 가지고 있는 것이 됩니다. 그런 무의식의 분류에 따라 좋아하니까 더 가까워지고 싶다, 가까워지는 노력을 해야 한다고 착각하게 됩니다.

이제 '그 사람에 대해 어떻게 생각합니까?'라고 자문할 때 '보통'이라고 확실히 자답할 수 있도록 합시다.

'아니, 조금은 좋아하거나 싫어하거나, 그렇지 않아?'라고 물어도 '아니, 완벽하게 보통이야.'라고 단언하는 것입니다.

그러면 인간관계가 단번에 편하게 느껴질 것입니다. 싫어하지 않는다고 좋아하는 건 아닙니다. 단지 자신에게 있어서는 극히 보통인 사람이니까, 좋아하니까 응해 줘야 한다는 부담감을 가지고 무리할 필요가 없게 됩니다.

상대를 '보통'으로 분류하면 더는 휘둘리지 않고 100% 자신의 의지로 어떻게 대응할지를 결정할 수 있게 됩니다. 상대방과의 관계에 신경 쓰지 않고 살 수 있게 되는 것이죠.

인간관계는
친절함과 무게감의
균형

    좋은 인간관계를 유지하는 사람은 상대와의 거리감을 잘 조절합니다.

    친절함과 무게감을 구분해 거리를 좁히거나 떼어 놓습니다.

    먼저 다음 세 가지를 기억하세요.

① 친절함은 상대방과 관계를 맺기 위한 것입니다. 상대방을 즐겁게 해 주려고 애쓰는 행동 등도 마찬가지입니다.

② 무게감이란 상대방의 통제에서 벗어나기 위한 것입니다. 위압적으로 보이지 않는 사람도, 보이지 않게 무게감을 사용하고 있을 수 있습니다.

③ 좋은 인간관계란 친절함과 무게감을 교대로 상대에게 사용하며 구축해 나가는 것입니다.

무게감이라고 하면 원래 내 성격이 아닌, 무게 잡는 성격의 사람이 되어야 하는 것처럼 느껴져 거부감을 느끼는 분들도 많을 텐데요. 이것은 그런 의미가 아닙니다.

거듭 말하지만, 자신의 본질을 바꿀 필요는 전혀 없습니다. 오히려 자신의 본질을 바꾸지 않고, 이 책을 통해 지금까지 사용하지 않았던 인간관계를 다루는 기술을 알자는 의미입니다.

다음 설명을 차분히 읽어보세요.

무게 잡는 것이 아니라 무게'감'만 보이는 것뿐이다

기 싸움을 걸어오는 사람이나, 자꾸만 부탁하는 사람을 견제하기 위해서라도 무게감은 양호한 인간관계를 쌓아 올리는 데 필요한 기술입니다.

이에는 두 가지가 있습니다.

첫째는 상대를 위협하기 위한 무게감입니다. 이

것은 상대방을 위협하거나 누군가를 멀리하기 위해 사용하는 것입니다. 섣불리 위협한다면 쓸데없이 상대를 자극하는 역효과를 낼 수도 있습니다.

둘째는 방어를 위한 무게감입니다. 이것은 상대방이 자신을 지배하고 통제하려고 할 때 '나는 당신의 아랫사람이 아닙니다.'라고 표현하며, 지배와 통제력에서 벗어나기 위해 사용하는 것입니다.

이 책에서 익혀야 하는 것은 후자, 즉 '공격'이 아닌 '방어'를 위한 무게감입니다.

직접적인 말이나 행동으로서 무게 잡는 것이 아닌, 무거운 분위기를 내는 것입니다.

무게 있는 분위기를 내며 은근한 말이나 자연스러운 태도, 행동으로 상대가 나를 휘두를 수 없다고 느끼게 해서 지금까지의 휘두르고 휘둘리는 갑을 관계를 역전시킬 수 있습니다.

그것이 바로 방어를 위한 무게감의 가장 큰 목적이자 효과입니다.

휘둘리는 사람은 항상 친절하기만 한 경향이 있

습니다.

친절함과 무게감을 각각 양손에 쥔다면, 주로 쓰는 손에 친절함을 쥔다고 할 수 있습니다. 친절한 행동을 하는 것은 쉽지만, 위압적인 태도는 잘 취하지 못한다는 것이지요.

그렇다면 자주 쓰지 않는 쪽의 손도 연습을 통해 친절함도 무게감도 균형감 있게 사용할 수 있는 '양손잡이'가 됩시다.

자신의 성격을
자신의 기술이라고 생각하라

그 감각을 익히기 위해서 먼저 당신 자신의 성격은 단지 당신이 가진 '기술'이라고 생각해 봅시다.

당신이 이미 남들에게 주로 보여주는 '친절함'을 자신의 성격이 아닌 기술이라고 생각하는 것입니다. '나는 친절하다.'가 아니라 '나에게는 친절함으로 상대방의 기분을 좋게 하는 기술이 있다.'가 됩니다.

현재 지나치게 친절한 당신은 성격이 친절한 것이 아니라 '친절함이라는 기술을 사용하는 사람'이며, 그 기술에 있어서는 프로급입니다.

앞서 당신이 무게 잡는 성격으로 변할 필요가 없다고 했던 것은 이런 이유입니다.

게다가 재미있는 점은 친절함이라는 기술은 무게감과 함께 보일 때 시너지 효과가 난다는 것입니다.

사람들은 항상 착하기만 한 사람의 친절에는 고마워하지 않습니다. 오히려 그 친절을 이용해 당신을 얕잡아보려 합니다.

그러나 어딘지 모를 무게감 속에서 친절함이 느껴지면, 주위 사람들은 그 친절을 굉장히 가치 있는 것, 기쁜 것, 고마운 것으로 받아들입니다.

이런 이유 때문에 왜 친절함만으론 안 되고, 때로는 무게감도 필요한지 이제 깨달았을 것입니다.

사람들은 친절을 좋아하면서도, 얕잡아보는 경향이 있습니다. 친절하기만 한 사람은 그 친절함을 짓밟히기 쉽습니다.

친절함과 무게감의 균형을 잘 잡고 사람을 사귀

어야 당신은 적당한 거리감으로 누구에게나 존중
받게 될 것입니다.

잘못된 무게감

거절하겠습니다!

이렇게 한다면 자신의 인상을
나쁘게 만들 뿐만 아니라
상대방이 당신을
컨트롤하기 쉽게 되어버립니다.

휘둘리지 않는 말투, 거리감 두는 말씨

'더는 휘둘리지 않기' 위한 방법 리스트

　지금부터는 절대 휘둘리지 않는 구체적인 방법을 소개하겠습니다.

Method 1

　휘둘리지 않는 사람으로서의 베이스를 만듭니다. 평상시 기본적인 행동의 측면에서 '어떻게 말을 하면 좋은가.', '어떤 태도로 행동하면 좋은가.' 등의 기초적인 부분을 알려드립니다.

Method 2

　거절하는 구체적인 방법을 소개합니다. 지금까지는 상대에게 휘둘려서 싫은 권유나 부탁도 받아들여 버렸을지도 모르지만, 여기서 효과적인 거절법을 익혀 타인의 강요를 쉽게 거절할 수 있는 사람이 되는 법을 알려드립니다.

Method 3

'방어를 위한 무게감'을 티 나지 않게 사용하는 방법을 소개합니다. 상대방을 말이나 행동으로 직접 위압하는 것이 아니라 '무게 있는 느낌을 내는 법'을 소개합니다.

상대가 당신의 의도를 눈치채지 못하도록 은근히 분위기를 압도하는 방법입니다.

독립적인 개인으로서 행동할 수 있게 되면 자연히 자신감이 붙습니다. 그리고 자신감이 넘치는 사람은 존중받는 사람이 됩니다.

구체적인 방법을 배운 후에는 마무리를 통해 남들에게 휘둘리는 성격에서 완전히 벗어나, 절대 휘둘리지 않는 사람으로 바뀐 당신을 발견할 것입니다.

휘둘리지 않는 말투, 거리감 두는 말씨

누구도 파고들 수 없는
베이스를 만들어라

상대보다 한 단계 위에 있다는 느낌을 주는 방법 5가지

　휘둘리지 않는 사람이 되는 베이스는 '상대보다 한 단계 위에 있다.'라는 의식입니다.

　무엇인가 담긴 그릇을 든 상태로 상대와 마주하고 있다고 상상해 보세요.

　상대보다 한 단계 내려가면 상대에게 업신여김을 당하고 그릇 속의 내용도 훤히 들여다보이게 됩니다. 하지만 상대보다 한 단계 올라가면 상대는 당신을 올려다보게 되고, 게다가 그릇 속의 내용물도 보이지 않게 됩니다.

　따라서 상대방보다 한 단계 높은 의식을 갖는다는 것은 상대방에게 보이지 않는 부분을 만드는 것입니다. 이는 1장에서 설명한 '방어를 위한 무게감'의 바탕이 되는 의식입니다.

그러면 당신의 마음에 방어막이 만들어져, 상대
는 더 이상 선을 넘을 수 없게 됩니다.

그뿐만이 아닙니다.

'상대보다 한 단계 위에 있다는' 의식을 가지고
상대에게 방어막을 만든 상태에서 친절하게 대하
면, 상대는 당신을 더욱 존중하게 됩니다.

마음 가는 대로 할 수 있는 상대라면 좋겠지만,
당신을 휘두르려는 사람에게 마음을 열어젖힌 상
태로 대하면 상대는 가차 없이 당신의 선을 넘어옵
니다. 휘둘리게 되는 것입니다.

아기가 귀여운 이유는 모든 것을 보여주는, 포
장되지 않은 순수함을 지녔기 때문이라고 할 수
있습니다.

하지만 그것은 어디까지나 미숙하고 보호가 필
요한 아기이기 때문에 유효합니다. 어른이 되어서
도 순수한 모습만으로 사랑받으려고 하는 것은 인

간관계에서는 상당히 불리할 수 있습니다.

따라서 '상대보다 한 단계 위에 있다.'라는 의식
이 기초 중의 기초, 그 의식을 만들기 위해 평소
다음의 다섯 가지 규칙을 실천하길 바랍니다.

1 | '싱글벙글'이 아닌 '은근한 미소'를 지어라

항상 싱글벙글 웃는 것이 좋은 것으로 생각하겠지만, 당신을 휘두르는 사람에게는 만만한 표정으로 보일 수 있습니다.

왜냐하면 '싱글벙글'이란 '적대감은 없습니다.', '친하게 지내주세요.', '받아주세요.'와 같이 상대에게 아래로 보이는 인상이나, 상대와 지나치게 가까워지려 하는 인상을 주기 때문입니다.

따라서 이런 환경에서는 상대방이 주(主), 당신이 종(從)이라는 갑을 관계가 되기 쉽습니다. 상대는 당신을 '휘둘러도 좋은 사람'이라고 생각해 실제로 휘두르려고 할 것입니다.

그리고 싱글벙글 웃는 당신은 자신을 휘두르려는 상대의 에너지에 저항하지 못하고 이리저리 휘둘립니다. 인간관계의 주도권을 잃게 되는 것이죠.

그러면 싱글벙글을 대체할만한 웃음은 어떤 표정일까요?

휘둘리지 않는 말투, 거리감 두는 말씨

지금 설명해온 '싱글벙글'을 약자의 미소, 잘 보이려는 미소라고 한다면, '은근한 웃음'은 강자의 미소라고 할 수 있습니다.

시선을 신경 쓰지 않고 무슨 일이 일어나도 동요하지 않는, 여유로운 표정입니다.

무언가 속으로 즐거운 일을 떠올렸을 때 짓는 미소이자 무엇이 즐거운지 곁에서는 모르겠지만 왠지 항상 즐거운 사람, 자신의 세계가 있는 사람의 느낌이 나오는 것이 은근한 미소입니다.

그래서 미소를 띠고 있는 사람은 감정이 훤히 드러나지 않는, 신비로운 사람이라는 존재감을 가질 수 있는 것이죠.

은근히 미소짓고 있다고 의식하라

어쩌면 인위적으로 미소짓는 표정을 만드는 것이 거부감이 든다고 생각하는 사람도 있을 것입니다. 결론부터 말하면, 여기서 가장 중요한 것은 '나는 지금 미소를 띠고 있다.'라는 감각입니다.

다시 말하면, '나는 싱글벙글 웃고 있는 것이 아니다!'라고 스스로 느끼는 것이 이 Method의 중요 포인트입니다. 그래서, 실제의 표정 자체는 원래의 싱글벙글 웃는 표정과 별로 다르지 않습니다.

보여주기 위해서 웃는 것이 아니라 내 안에서 뭔가 재미있는 일이 있기 때문에 미소를 짓는다는 주체성 있는 의식, 그 의식이 중요한 것입니다.

그러면 크게 웃지 않아도 당신에게서 느껴지는 분위기 자체가 강자의 미소가 되는 것입니다. 누구도 당신이 마음속에 그어놓은 선을 넘을 수 없게 되고 인간관계의 주도권도 되찾을 수 있습니다.

이런 의식, 감각이 가장 중요한데, 행동 요령을 꼽는다면 눈높이는 곧게 앞을 보거나 조금 위쪽을 보는 것입니다. 아래를 향해 눈을 뜨고 히죽히죽 웃으면 싫은 느낌이 드는 경우가 있습니다.

'시선은 곧거나, 조금 위쪽'이라고 유의하면 자세도 곧아지고, 강자의 태도를 보일 수 있습니다.

또 반드시 크게 웃을 필요는 없습니다. 먼저 드러내지 않는 '쿨(Cool)한 미소'부터 시작해 봅시다.

엉뚱한 방법이라고 생각했을지도 모르지만, 사실 '쿨한 미소'는 만능이라고 해도 좋을 만큼 효과가 좋은 방법입니다. 은근하고 쿨한 미소만으로도 주위의 눈에는 당당하고 개성 있는 사람으로 비칠 것입니다.

그런 당신에게 매력을 느끼고 동경하는 사람도 나타날 것입니다. 처음에는 연습이 필요할지도 모릅니다. 하지만 효과는 절대적이니 한 번 시도해 보세요.

사람들 앞에서 미소를 짓고 있다고 생각하면 그 사고가 자신감으로 이어지고 마음을 강하게 해 줍니다. 미소 짓는 표정이 어려운 분들은 각국 영화제 등에서 레드카펫을 당당하게 걷는 배우들을 살펴보세요.

그들은 기본적으로 여유로운 미소를 띠고 있습니다. 스스로에 대한 자신감이 있는 사람은 자연스럽게 그런 표정을 짓고 있습니다. 이러한 인식을 두고 한 번 연습을 해 봅시다.

연예인이든 영화 주인공이든 누구든 좋으니 마음에 여유가 있어 보이는 사람이 항상 짓는 미소. 주위의 시선을 신경 쓰지 않는 자신감과 존엄성을 느끼게 하는 미소.

바로 그 '강자의 미소'를 따라 하다 보면 그 사람들의 마음의 여유가 당신의 마음에도 전해질 것입니다.

2 | 크고 느긋하게 움직여라

항상 크고 느긋하게 움직입니다.

이것도 앞서 언급한 표정과 마찬가지로, 당신의 마음을 함부로 대할 수 없게 하는 방법입니다.

아마도 휘둘리는 사람은 크고 느긋하게 움직이기보다는 당황스러워하며 급하게 행동하는 일이 많을 것입니다. 앞으로는 이러한 것을 고쳐나가며 상대와의 관계를 재정의해 나갑시다.

고쳐야 할 행동이란 항상 움찔움찔하고 두리번거리는 행동을 의미합니다.

예를 들어, 상대방이 무언가를 물었을 때 고개를 휙 하고 상대방 쪽으로 돌린다든지, 상대가 부를 때 종종걸음으로 향한다든지, 지금까지는 그렇게 반응하고 있었을 것으로 생각합니다만 앞으로는 모든 움직임을 '크고 느긋하게' 바꾸어 갑시다.

이 '크고 느긋하게 움직이는 작전'에는 크게 네 가지 효과가 있습니다.

첫 번째 효과로 크고 느긋하게 움직이면 자신의 움직임을 상대와 연동시키지 않음으로써 휘둘리지 않는 상황을 만들 수 있습니다.

예를 들면, 상대에게 무언가를 듣고 즉각적으로 반응하는 것은 상대의 말과 행동에 자신의 움직임을 연동시키고 있다는 것입니다. 상대가 리모컨이라면 당신은 '감도가 너무 좋은 텔레비전'이라고 할 수 있습니다.

상대의 말에 순간적으로 민감하게 반응해 상대가 당신에게 바라는 움직임을 원하는 속도로 출력하는 것입니다. 거기서 '크고 느긋하게'를 유의해 움직이면 그 움직임에 의해 상대의 통제에서 벗어날 수 있습니다.

크고 느긋한 행동의 두 번째 효과는 위압적인 분위기를 통해 상대방이 휘두르기 어려운 사람이라는 인상을 줄 수 있다는 것입니다.

조약돌은 쉽게 움직일 수 있지만, 바위를 움직이는 것은 쉽지 않다는 심리작용을 상대방이 느끼도록 할 수 있습니다.

세 번째 효과는 크고 느긋하게 움직이면 생각의 여유를 확보할 수 있다는 것입니다. 급하게 움직이면 움직일수록 생각의 여유가 없어집니다. 상대의 말에 빠르게 반응하는 자신과 크고 느긋하게 반응하는 자신을 생각해 보면, 어느 쪽이 침착하게 생각할 수 있는지 상상할 수 있습니다.

작은 동물처럼 경망스럽게 행동하다 보면 할 말을 차분하게 생각할 수도 없습니다. 그러니까 초조하고 긴장하고 있는 당신을 상대는 '자신보다 아래에 있는 약자'라고 평가해, 더욱더 강하게 통제하는 악순환이 되어버립니다. 크고 느긋하게만 행동하면 이 악순환을 끊을 수 있는 것입니다.

네 번째 효과로 크고 느긋한 움직임을 통해 상대가 호감을 느끼도록 하여, 건전한 관계로 발전할 수 있습니다. 크고 느긋한 움직임이란 결국 '거부감이 들지 않고, 호감도나 신뢰감이 높은 움직임'이기 때문입니다. 의외일 수도 있지만, 이는 다음과 같은 이유입니다.

'크고 느긋하게'의 반대는 움찔움찔, 두리번 두

리번입니다. 행동이 소극적인 사람을 보면 사람들은 쉽게 짜증이 나고 '휘두르기 쉬울 것 같다.'라는 생각이 들게 됩니다.

즉, 행동이 소극적인 사람은 상대의 조종욕구를 자극합니다. 결국 통제의 대상이 되기 쉬우며, 행동이 더욱 소심해지고 한층 더 쉬운 사람으로 인식되는 악순환이 여기에서도 생기게 됩니다.

이와 같이 행동을 '크고 느긋하게' 바꿔 나가는 것을 통해 최종적으로는 상대와 나의 갑을 관계에서 벗어나 평등한 관계, 신뢰로 결부된 건강한 관계를 시작할 수 있게 됩니다.

상황에 따라 바꾸지 않는다

자신의 움직임을 상대와 연동시키지 않아도 됩니다.

상대에게 무게감을 줘 휘두르기 어렵다는 인상을 주면 생각의 여유를 확보할 수 있습니다.

상대에게 호감을 사고, 보다 건전한 관계로 발전시킬수 있습니다.

이 네 가지 효과를 얻으려면 때와 경우에 따라 행동양식을 바꾸는 것이 아니라, 어느 상황에서도 항상 크고느긋하게 행동하는 것이 중요합니다. 휘둘리고 있는 사람은 상대의 말에 재빠르고 민감하게 반응하기는커녕, 아무것도 듣지 않고 상대의 의도를 마음대로 짐작해 움직이기도 합니다.

이것은 생각한 후에 행동하고 있다기보다는 자신의생각이나 의지를 거치지 않고 무의식적으로 스스로를약자로 만드는 행동을 해버리는 것입니다.

말로 하면 이상하게 느껴지겠지만, 객관적으로 보면실제로 꽤 일어나고 있는 일입니다. 이러한 무의식하의'휘둘리는 행동'을 통제하기 위해 항상 '크고 느긋하게'움직일 필요가 있습니다.

아무리 상대방의 뜻대로 움직이려고 해도 100% 그대로 행동하는 것은 불가능합니다. 갑을 관계가 정착되어 있을 경우, 상대는 당신이 조금이라도 자기 생각대로 움직이지 않으면 초조해할 것입니다.

그렇게 되면 당신은 이러한 상대방의 마음을 느끼고 스스로 더 초조하게 되겠죠. 하지만, 당신이 항상 '크고 느긋하게' 움직이게 되면 상대방은 당신을 쉽게 동요하지 않는 사람, 즉 마음대로 조종하기 어려운 사람으로 인식할 것입니다.

당신을 고려하지 않고 내키는 대로 행동하기에는 조금 어려운 사람으로 여기게 되는 것이죠.

물론, 이러한 행동의 변화는 상대뿐만 아니라 당신의 감정에도 영향을 줍니다. 크고 느긋하게 움직임으로써 상대에게 휘둘리고 있는 상황과 느낌이 약해질수록 자존감이 강해지게 됩니다.

이런 움직임에 익숙해지다 보면, 자연스럽게 인간관계 또한 편해질 것입니다.

3 | 자연스러운 목소리로 천천히 말하라

다음으로 이야기하고 싶은 것은 목소리와 '말투'입니다.

목소리는 '자연스럽게', 말투는 '천천히'에 유의해 주세요. '자연스러운 목소리'라고 하는 것은 쉽게 말해 '낮은 목소리'라고도 할 수 있습니다.

휘둘리고 있는 사람은 대개 격앙된 목소리로 빠르게 말합니다. 상대에게 말할 때 등은 특히 굽어 있습니다. 빠른 말을 쏟아내는 상대의 페이스에 말려들어 자신 또한 목소리가 높아지며 말이 빨라져 버립니다.

'어쩌지? 어쩌지?'하며 당황해하는 감정도 상대에게 훤히 보입니다.

즉, 상대가 보기에 '휘두르기 쉬운 상태'가 되는 것입니다.

이런 상황을 피하기 위해 '자연스러운 목소리로 천천히' 말하는 것에 유의해야 합니다. 그러면 '이 사람은 무엇을 말해도 무너지지 않는구나.'라는 인상이 새겨져 쉽게 통제할 수 없는 상대로 보이게 됩니다.

몸의 움직임과 말투는 거의 연결되어 있습니다. 의식만 가지고 행동한다면 자연스럽게 말투도 침착하게 바뀌겠지만, 말투도 의식하여 바꾼다면 더욱 효과적일 것입니다.

자연스러운 목소리로 천천히 말하면 즉흥적으로 하는 것이 아닌 제대로 생각하고 말하는 느낌이 들기 때문에 설득력이 더해집니다. 즉, 마음을 터놓고 진심을 이야기하는 것처럼 보이는 것입니다.

이것은 감정이 조금씩 새어 나와 보이는 인상과는 전혀 다른 것입니다. 어디까지나 대등한 입장에서 마음을 털어놓고 본심을 이야기하고 있는 인상이 되는 것입니다. 이런 태도는 '자신감 넘치는 사람'이라는 느낌을 자아냅니다.

그러면 아주 평화적으로 인간관계의 주도권을 찾을 수 있습니다. 말을 많이 할 필요도 없고 대화

휘둘리지 않는 말투, 거리감 두는 말씨

의 주제도 상관 없습니다. 앞서 말한 '은근한 미소'
와 '크고 느긋한 행동', '자연스러운 말투'의 의식만
가질 수 있으면 누구라도 지금부터 할 수 있을 것
입니다.

방심하면 또다시 상대의 페이스에 말려들 수 있
습니다. 가식적인 사람이 된 것 같은 느낌이 들 수
도 있습니다. 하지만 자신의 본질과 연결하지 말고
'이건 그저 기술이다.'라고 생각해 주세요.

휘둘리는 관계에서 벗어나고 싶다면 필요한 과
정입니다.

짧고 깔끔하게 잘라 말할 때를 구분한다

차분히 이야기해 상대를 이쪽의 이야기에 끌어들이고 싶을 때 자연스러운 목소리로 천천히 이야기하는 것은 매우 효과적입니다. 이러면 자신의 마음을 지키면서 상대방보다 심리적 우위에 설 수 있을 것입니다.

다만, 자연스러운 목소리로 말하는 것에는 한 가지 단점이 있습니다. 기세나 순발력이 부족한 사람이라면 상대의 강요를 거절할 때, 자기주장을 할 때, 빨리 이야기를 끝마치고 싶을 때 등에는 자칫 우유부단하다고 오해받을 수도 있기 때문입니다.

상대의 강요를 거절할 때나 자기주장을 할 때, 이야기를 빨리 끝내고 싶을 때 등은 반대로 짧고 깔끔하게 '단언'해야 합니다.

강하게 거부하는 것이 아니라 어디까지나 굽히지 않고 악의 없이 거절하는 것을 의미합니다.

평소에는 차분히 말하다가 거절할 때만큼은 '어떻게 이렇게 단호할 수 있지?'라고 할 정도로 가차 없이 짧고 시원하게 잘라 말합니다.

이 반전이 효과적인 것이죠. 이것에 대해서는 거절

방법의 Method 2에서 자세하게 설명하겠습니다.

'자연스러운 목소리로 천천히 말한다.'와 '짧고 깔끔하게 잘라 말할 때를 구분한다.'를 읽고, 마치 정반대의 기술을 몸에 익혀야 한다고 생각했을 수도 있습니다.

그러나 여기서 주목해 주었으면 하는 것은 양쪽 모두 '상대의 페이스에 휘말리지 않았다.'라는 것입니다. 결국, 상대에게 말려들지 않음으로써 '통제/지배/조종으로부터 벗어난다.'와 같은 효과가 있는 것입니다.

이러한 효과를 얻기 위해서 평상시는 자연스러운 목소리로 천천히 이야기하고, 거절하고 싶을 때 등 기세와 순발력을 필요로 하는 상황에서는 짧고 깔끔하게 잘라 말하는 식으로 구분해서 사용하는 것을 추천합니다.

이 두 종류의 말투로 인간관계의 대부분은 극복할 수 있습니다.

4 | 침묵이 자연스러운
사람이 되어라

은근한 미소와 느긋한 행동, 그리고 자연스러운 말투. 이것으로 '상대보다 한 단계 위에 있는 느낌'의 베이스는 완성된 것이나 다름없습니다.

나머지 두 가지 방법은 이미 쌓아놓은 베이스 위에 덧붙이면 더욱 효과적입니다. 이를 토대로 휘둘리지 않는 사람이 되는 길을 보다 안정적으로 걸어갈 수 있을 것입니다.

네 번째는 평상시의 태도를 '침묵이 자연스러운 사람'으로 만드는 것입니다.

당신도 침묵을 견디지 못해 애써 아무 말이나 해버린 경험이 있을지 모릅니다. 사실 이것도 휘둘리기 쉬운 사람의 특징 중 하나입니다. 어색함이라는, 어찌 보면 비친화적인 상황을 억지로 극복하고 필요 이상으로 상대에게 다가가려고 하고 있으니까요.

침묵이 자연스러워지면 대략 다음과 같은 메커

니즘으로 상대와의 관계가 대등해지게 됩니다.

애초에 왜 침묵을 채우려고 할까요? 침묵이 어색해서 그렇습니다. 바꿔 말하자면, '상대방도 침묵이 어색하지 않을까? 그러니까 채워야겠다.'라고 하는, 상대에 대한 배려가 있기 때문입니다.

사실 그 마음 씀씀이가 침묵을 정말로 어색하게 만들고 있습니다. 필사적으로 침묵을 채우려는 당신을 보고 상대는 '이 사람은 침묵을 참을 수 없구나.', '가만히 있으면 서먹서먹한 사이이다.'라는 느낌을 받아 불편함을 느낍니다.

상대에 대한 당신의 배려와 그 배려로 인해 상대에게 초래되는 불편함이 어색한 침묵의 정체입니다.

반대로 침묵이 신경 쓰이지 않는 것은 어떤 상대일까요? 예를 들어, 가족과 함께 있을 때는 애써 침묵을 채우려고 하지 않을 것입니다. 말하고 싶을 때만 말하는 것이 기본 아닐까요?

따라서 침묵이 불편하지 않도록 하려면 상대를 가족처럼 여겨 우리 사이에는 침묵을 가져도 괜찮다는 분위기를 조성해 주는 것이 기본입니다.

이렇게 해서 당신 쪽에서 '이 침묵이 자연스럽다.'라는 편안한 분위기를 내면 상대방은 '이 사람과는 가만히 있어도 서먹서먹하지 않다.'라고 받아들이게 될 것입니다.

그 상대의 안심한 모습을 보고, 당신도 침묵이 정말 아무렇지도 않게 됩니다.

침묵에 대해 '무책임'해져라

'침묵이 자연스러운 사람'으로 보이면 앞서 설명한 것과 같은 작용이 일어납니다. 그러면 어떻게 하면 이것을 효과적으로 보여줄 수 있을까요?

가장 중요한 포인트는 말이 아닌 태도로 보여주는 것입니다. 의미 없는 말은 하지 않는 것이 효과적입니다. 무표정이라면 다소 불친절해 보일 수 있지만, 앞에서 말한 '은근한 미소'를 함께 보여준다면 정말로 이 상황이 어색하지 않은 사람으로 보일 것입니다.

'침묵을 채운다.'라는 의무감은 사실 필요 없습니다. '어떻게든 해야 한다.'라는 생각은 바로 휘둘리는 측의 생각입니다. 피지배자, 하인의 의식이라고 해도 무방합니다. 이런 의식이 있기 때문에 필요 이상으로 그 자리에 대한 책임을 지려고 하는 것입니다.

침묵은 그 자리에 있는 두 사람의 책임이니 당신 혼자 책임질 일이 아닙니다. 침묵에 더 무책임해지세요.

당신이 열심히 이야기하려고 하지 않아도 입을 다물고 있으면 대개는 상대편에서 이야기하기 시작합니다. '나는 말하고 싶을 때 말할 것이고, 너도 말하고 싶을 때 말하라.'라는 태연한 태도로 있는 것. 이것도 '상대보다 한 단계 위에 있는' 느낌으로, 휘두르고 휘둘리는 갑을 관계를 벗어나는 하나의 기술입니다.

5 | 자신의 TMI(Too Much Information)를 드러내지 마라

휘둘리지 않는 사람으로서의 베이스를 다지기 위해서, 마지막으로 기억해 줬으면 하는 것은 '자신의 정보를 과하게 드러내지 않기'입니다. 휘둘리는 사람은 평상시에 마음속에 있는 것을 말과 행동으로 모두 보여주기 때문에 상대에게 마음을 읽혀 휘둘려 버리는 것입니다.

예를 들어, 상대방이 묻기 전에 자신의 일정을 미리 밝히면 상대로부터 '이날은 가능하지?'하는 무리한 요구를 받게 됩니다.

또한, 자신의 이야기를 지나치게 밝힌 탓에 상대방이 마음대로 내 이야기를 주위에 퍼뜨리고, 주변 사람이 나를 조종하게끔 하는 상황을 만들어버립니다.

이 상태가 지속된다면 상대의 지배에서 절대 벗어날 수 없습니다. 원래 자신의 정보란 알고 싶어 하는 사람에게 알고 싶어 하는 만큼만 공개하는 것입니다. 그러면 스스로를 더욱 매력적인 존재로 각인시킬 수 있습니다.

반대로, 상대가 아직 당신을 궁금해하지 않는 단계에서 당신에 대해 지나치게 많이 알리고 싶어 하는 것은 당신의 매력을 반감시키는 요소입니다.

'나와 상관없는 세상 이야기'나 '상대 이야기'로 대화를 이끌어라

특히 휘둘리기 쉬운 사람은 자신의 정보를 공개하는 데 더 신중해져야 합니다. SNS 등 인터넷상에서의 발언에도 주의합시다.

자신의 개인적인 일정, 의견, 주장, 물건 취향 등은 정말 친밀한 사람에게만 말하고, 자신을 휘두르는 사람에게는 최대한 아껴야 합니다. 그 대신에 당신과는 상관없는 세상 이야기를 한다든지, 상대의 이야기로 주제를 끌고 가세요.

이런 식으로 자신의 정보에 많은 '비공개 부분'을 만드는 방법을 만듭니다. 그러면 밝혀지지 않은 정보가 많기 때문에 상대는 당신에 대해 이것저것 예측하게 됩니다. 이 시점에서 당신은 한 단계 위에 서게 됩니다. 그리고 상대방과의 인간관계의 주도권이 당신의 것이 되어 휘둘리지 않게 될 것입니다.

'멋진 사람'이 된다는 것

지금까지 휘둘리지 않는 사람이 되기 위해 상대보다 한 단계 위에 있다는 의식을 가질 수 있는 요령을 5가지 설명했습니다.

은근한 미소, 크고 느긋한 행동, 자연스러운 목소리로 천천히 말하기, 침묵이 자연스러운 사람이 되기, 그리고 자신의 정보를 너무 많이 공개하지 않기.

이 모든 것을 갖춘다면 멋진 사람이 될 수 있을 것입니다.

언제나 침착하고 말수는 적고 태도는 느긋하게. 어떤 것에도 흔들리지 않는 높은 자존감. 그리고 입가에는 항상 미소를 머금고 있는. 그런 멋지고 쿨한 성격을 지닌 사람을 떠올려보세요.

배우든, 소설 속의 등장인물이든, 아는 사람이든 누구든 상관없습니다.

그 성격을 자신이 가지고 있다고 상상하면 됩니다.

그것이 이 책에서 말하는 '멋진 사람'이 되는 법입니다.

어떻게 행동해야 할지 고민되는 일이 있어도 '그래, 그 사람처럼 행동하면 되는 거야'라고 생각하면, 대응을 잘못하는 일은 없을 것입니다.

휘둘리지 않는 말투. 거리감 두는 말씨

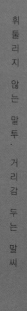

미움받지 않는
'거절쟁이'가 되어라

거절의 고수가
되기 위한
마음가짐 5가지

1 | 거절을 '통보'하라

중요한 것은 거절이라는 행위는 대화에 의해 이루어지는 것이 아니라 일방적인 '통보'에 의해 이루어진다는 생각입니다.

'말하면 이해해 주겠지.'라는 생각으로 대화를 통해 이해시키려고 하면 이야기가 길어집니다. 길어지면 길어질수록 상대방도 거기에 대응할 변명을 준비하고, 결국에는 대화를 능숙하게 이끌고 나가는 사람이 이깁니다.

이제 거절하는 행위는 일방적인 통보라고 생각하세요.

상대방이 어떻게 생각하든, 거절하는 이유를 이해하든 말든 상관없습니다. 거부 의사를 일방적으로 고하지 못한다면 언제까지나 'NO'라고 말할 수 없는 사람으로 남아버립니다.

'대화를 끝낸다'라고 마음먹어라

일방적인 통보로 '당신의 뜻에 따르지 않겠다.'라고 말하고 나면, 거기서 상대방과의 대화는 종료됩니다. 거절한다는 것은 대화를 시작하는 것이 아니라 대화를 끝내는 것이니까요.

무언가를 부탁하거나 혹은 권유하는 그 상대에게, 교섭의 여지 없이 'NO'라고 통보하는 것으로 대화를 끝낸다고 생각하면 됩니다.

상상한 바와 같이, 이것은 전혀 기분이 좋지 않은 불편한 행위입니다.

하지만 피하고 싶어도 어쩔 수 없습니다. 왜냐하면, 원래 거절이란 그런 것이니까요.

대화를 일방적으로 끊기 위해서는 어느 정도의 용기가 필요하고, 이후 상대와 다소 서먹서먹해질 수도 있습니다.

다만, 어색한 채로 관계를 내버려 둘 수는 없기 때문에 이 장에서는 거절한 이후의 어색함을 해소하는 방법도 소개합니다. 이를 함께 적절히 활용하면 거절하는 것에 대한 두려움은 상당히 줄어들 것입니다.

2 | 설득하려 하지 말고, 그냥 포기하게 만들어라

거절할 때 대화를 시도하는 것이 왜 소용없을까요? 그것은 당신이 '내가 거절하는 이유'를 이해시키려 하는 데 반해, 상대는 '당신이 거절하면 안 되는 이유'를 이해시키려 하기 때문입니다.

이와 같이 서로 설득하려는 대화가 되기 때문에, 대화는 끝이 없는 싸움으로 번져 결국 당신이 지게 될지도 모릅니다.

앞서 말한 것처럼, 거절하고 싶다면 이해받으려는 생각은 하지 말아야 합니다. 그리고 상대가 포기하도록 만들어야 합니다. 그러면 더 이상 대화가 성립되지 않기 때문에 거절하는 데 드는 에너지가 절약됩니다.

'내 잘못이다'라는 의식

그렇다면 어떻게 포기하게 만들어야 할까요?

그 열쇠는 '당신의 부탁을 거절하는 내 잘못이다.'라고 하는 의식입니다.

우선 거절을 설득하는 대화의 원인은 두 사람 모두 자기에게 정당한 이유가 있다고 생각하는 것에 있습니다. 그러니까, 상대방은 반대로 당신이 부탁을 거절해서는 안 된다고 설득하고 싶어 하는 것입니다.

당신은 거절의 이유가 정당하다는 것을 상대방이 이해해 주길 바랍니다. 상대방은 자신이 말하는 것의 정당성을 주장하고 싶을 것입니다. '네가 거절하는 것은 옳지 않다.'라고 말하고 싶어 할 것입니다.

이 쓸모없는 대화가 일어나지 않게 하려면, 처음부터 '옳다, 그르다.'의 싸움을 시작하지 말아야 합니다. 처음부터 얼른 상대방이 옳다고 해버리고, '그럼에도 불구하고 거절하다니 내 잘못이지.'라는 논법을 사용하면 됩니다.

상대방이 옳다고 하면 역효과가 난다고 생각하는 분

이 있을지도 모르겠습니다. '내 부탁은 정당하니까 받아들여라.'라고 당신을 공격할 강한 근거를 상대방에게 주게 되는 것은 아닌가, 라고 생각할 수도 있습니다.

하지만 "당신 말이 맞다. 그럼에도 불구하고 나는 그 부탁에 응하지 않겠다."라는 말을 들으면, 상대는 어떻게 생각할까요?
자신의 주장이 옳음을 이미 인정받았기 때문에 당신에게 부탁을 떠맡게 할 수 없습니다.

"당신은 옳지만, NO."라고 잘라 말하면, 이와 같이 상대는 설득할 실마리를 잃어버립니다. 설득 이외에는 딱히 수단이 없기 때문에 설득하지 못한다면 남은 길은 한 가지, 포기뿐입니다.

3 | 관계를 끊을 각오로
거절하라

내가 직접 상대방과의 관계를 정리하고 싶은 것은 아니지만 내 행동에 따라서 상대방이 스스로 나가떨어지는 것은 어쩔 수 없습니다.

적극적으로 관계를 끊지는 않지만, 그럴 정도의 각오를 하고 거절하는 것, 내가 상대방을 정리하는 것이 아니라 상대방이 나를 정리하게끔 하는 것이죠.

당신을 휘두르려 하는 상대에게 그 관계를 포기하게 만드는 것이기 때문에 앞서 말한 '포기하게 만들어라.'의 연장선이라고도 볼 수 있습니다.

상대와 멀어지기를 원하는 경우는 이렇게 생각하면 편할 것입니다.

당신의 기대에 부응할
생각이 없어서 미안합니다

그러면 이 '관계를 끊을 각오로 거절한다.'라는 것은 구체적으로 어떤 의식일까요? 어떤 마음을 먹으면 이 의식을 가질 수 있을까요?

한마디로 말하자면, '미안합니다.'라는 마음입니다.

무엇이 미안하냐고 하면 '나는 당신이 생각하는 그런 사람이 아니고, 앞으로도 고칠 생각이 없다.'라는 것입니다.

'당신의 기대에 부응하지 못해서 미안합니다.'가 아닙니다.
'당신의 기대에 부응할 생각이 없어서 미안합니다.' 입니다.

이 둘의 차이점이 무엇일까요?

'기대에 부응하지 못해서 미안하다.'라고 한다면 상대방의 요구에 맞추고 싶은데 뜻대로 되지 않는 자신을 반성하고 이에 대해 사과하는 것입니다.

따라서, 상대방은 당신을 자신에게 맞추기 위해 이리 저리 휘두르려고 할 것입니다.

그런 마음가짐이 아닌, '애초에 당신의 기대에 부응할 생각이 없었다. 맞춰줄 생각이 없어 미안하다.', '당신에 게 맞춰주지 않는 내 모습도 좋다면 이 관계를 유지하고, 마음에 들지 않는다면 떠나도 좋다.'라는 마음가짐을 가져 보세요.

그러면 상대가 '이 사람은 내 뜻대로 되지 않는구나.' 하고 당신을 휘두르는 것을 포기하게 만들 수 있습니다.

만약 계속 관계를 유지하게 되어도, '당신에게 맞추지 않는다.'라는 전제가 깔린 관계가 되기 때문에 갑을 관계가 되지는 않을 것입니다.

특히 거절한다는 측면에서, 이것은 앞서 말한 "내 잘못이다."의 응용 기술이라고 생각하면 보다 이해하기 쉬울 것입니다.

"당신 말이 맞고, 그것을 거절하는 제 잘못이지만, 나는 분명히 당신이 기대하는 그런 사람이 아니고, 앞으로도 달라질 생각은 없기 때문에 미안합니다."

여기서 중요한 것은, 마지막 "미안합니다."라는 말입니다.

이 말이 없으면 "앞으로도 변할 생각이 없습니다. 이
상."과 같이 일방적으로 통보하면서 상대와의 대화를 뚝
끊어버리는 것이 됩니다.

그렇지만, 당신은 가능한 상대와의 사이에 갈등을 일
으키고 싶지 않을 것입니다. 그럴 때는 "미안합니다."라
는 말을 덧붙이면 됩니다. 이는 "제가 정말 곤란해서요.
정말 미안합니다."라는, 자신을 아래로 보이게 하는 사
과와는 다른 것입니다.

즉, 이 미안하다는 상대에 대한 진심 어린 사과가 아
니라, 상대방의 기대에 부응하지 않음으로써 일어날 수
있는 갈등을 완화해 주는 쿠션 같은 역할을 합니다.

4 | 말은 '짧게 잘라 깔끔하고 분명하게' 하라

'짧게 잘라 말한다.'라는 것은 주절주절 길게 말하지 않는다는 의미입니다.

사람들은 대부분 간결하고 명쾌하게, 분명히 말하는 사람에게 호감을 느낍니다. 이 상식을 항상 염두에 두세요.

깨끗이 거절하면 상대도 깔끔하게 물러설 수밖에 없습니다. 거절의 이유를 장황하게 설명하려 하면 결국에는 패배하고 맙니다.

Method 1에서 평소에는 천천히 이야기하고, 거절할 때만 짧고, 깔끔하게 잘라 말하는 '차이'를 두는 것이 효과적이라고 했습니다.

사실 대부분의 사람은 평상시에 이 차이를 반대로 두고 있기 때문에 거절하는 것이 어려운 것입니다.

즉, 평소에는 밝게 말하는데 거절할 때만 갑자기 당황스러워하는 듯한 낮은 목소리가 나오는 것입니다. 이렇게 해서는 효과적으로 거절하기가 힘

들고, 상대가 '어떻게든 압박하면 된다.'라고 생각
하는 것도 당연합니다.

그러니까 오늘부터는 그 차이를 역전시켜 봅시
다.

평소에는 천천히, 그리고 거절할 때만 갑자기
스위치를 켜 깔끔하게 말해 버리는 것이죠.

"아, 안 됩니다!"

이 차이를 이해하면 거절하기가 쉬워지고, 애초
에 상대도 그런 당신을 휘두를 수 있다고는 생각하
지 않을 것입니다.

대화가 길어질수록 기세는 꺾이고
감정이 드러나기 쉬워진다

거절할 때 '내 상황을 이해받고 싶다.'라는 마음, 또 거절하는 것에 대한 죄책감이나 상대에 대한 배려가 있으면 나도 모르게 대화가 길어지기 쉽습니다.

여기서는 다르게 생각할 필요가 있습니다.

이해해 줬으면 하는 마음도, 죄책감도, 배려도, 부정할 필요는 없습니다.

없애버려야 할 감정은 아닙니다. 그러나 '감정'과 '거절하는 행위'를 구분할 필요는 있습니다. 그래야 거절할 수 있습니다.

길게 말할수록 기세는 누그러집니다.

또, 말을 거듭할수록 자신의 감정이 상대에게 보이기 쉬워집니다.

이 과정에서 상대방은 '더 밀어붙이면 어떻게든 되겠지.'라고 생각하게 되고, 결과적으로 당신은 상대를 거절하지 못하게 됩니다. 얼떨결에 받아들이게 되어버립니다. 휘둘리기 쉬운 사람에게 흔히 있는 일입니다.

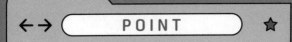

　이야기의 내용 등에 따라서 길게 이야기를 해야 하는 경우도 있을 수 있지만, 길게 이야기하면 휘둘리게 될 위험이 커지니 최대한 피하는 것이 좋습니다.

5 | 한계가 아니어도
'한계'라고 말하라

한계가 아니어도 한계라고 밝히는 것은 한계점에 도달하기 전에 당신이 부탁을 들어줄 수 없다고 상대방에게 말하는 것을 의미합니다.

예를 들면, '나 혼자 3인분의 일을 하게 됐다.'라고 푸념하는 사람이 있다고 합시다. 실제로 흔히 볼 수 있는 경우입니다.

거기서 "그러면 4인분의 일을 강요당하면 어떻게 할 겁니까?"라고 물으면, 반드시 "그렇게 되면 반드시 항의하겠습니다."라는 답이 돌아옵니다.

그러니까 한계까지 참다가 그 이상을 요구받으면 비로소 "거기까진 무리입니다."라고 거절한다는 것인데, '거기까진'이라는 건 도대체 무엇일까요.

2인분, 3인분의 일을 강요당했을 때 미리 거절하면 더 좋지 않았을까요?

한계 직전까지 가서 거절하는 것은 더욱 어렵습니다.

아이가 장난을 치고 있는 모습을 상상해 보세요.

처음에는 "아, 아파, 그만해."하고 약하게 말하던 것이, 점차 "아파! 그만해!"에서 "아프다니까! 그만둬!"로 점점 강해집니다. 그런데도 그만두지 않을 경우 폭력적으로 대응하게 될 수 있습니다.

한계 직전까지 도달하도록 거절을 미루면, 당신을 휘두르는 사람에게 더욱 강한 대응을 해야 합니다. 거절하는 데 필요한 노력이 커지는 것입니다.

지금까지 묵묵히 참아오던 당신이 갑자기 반기를 들면 상대가 놀라 당신에게 적대감을 드러내거나 조종의 강도를 더욱 높이려고 할 수도 있습니다.

그러니 거절하려고 한다면 무조건 빨리 말하는 것이 더 좋습니다. 정말로 한계에 달하기 전에 "무리입니다."라고 말하세요.

어쩌면 '한계'라고 하는 감각 자체가 마비되어 있는 사람도 있을지도 모릅니다.

여기서도 감정과 행동을 분리해야 한다는 걸

휘둘리지 않는 말투, 거리감 두는 말씨

기억하세요.

당신의 마음속에서 '이건 한계다.'라고 생각하고 있다면, 일찌감치 거절하겠다는 태도를 보여야 합니다. 이를 위한 방법을 쓰는 것입니다.

그렇게 하지 않는다면 거절을 미루다가 분명히 상처받을 것입니다. '감정에 의해' 움직이는 것이 아니라, '감정을 위한' 태도를 보여 자신의 마음을 지킵시다.

한계까지 무리하지 않아도
충분히 평가받는다

막상 일찌감치 한계라고 이야기해 보고 나면 알 수 있을 것입니다. 무리라고 한다고 해서 주위의 평가가 안 좋아지는 것은 아니라는 것을요. 빠듯할 때까지 무리하지 않아도 충분히 당신은 좋은 평가를 받고 있을 것입니다.

만약 당신을 휘두르는 사람이 시키는 대로 따르다가 한계에 계속 부딪히고 있다면, 그 사람과의 관계 속에서 '힘에 부칠 때까지 노력하지 않으면 안 된다.'라고 생각하고 있을 뿐이겠죠.

사실 한계에 달할 때까지 열심히 하지 않아도 되고, 당신은 이미 충분히 노력하고 있습니다. 자신을 보호하기 위해 이런 사고방식도 함께 가지고 있는 것이 좋습니다.

그리고 안 되는 것은 안 된다고 거절하기 시작하면 쉬워집니다.

처음엔 거절하는 기색을 보이다가도 결과적으로는 내 뜻대로 해 준다는 이미지가 쌓이게 되면 상대방은 당신을 '압박하면 내가 통제할 수 있는 사람'이라고 생각하게 됩니다. 이미 누군가에게 그런 사람이 되어버렸을 수도 있지만, 이제부터라도 바꿔 나갑시다.

상대방이 양보하거나 조건을 제시해서 받아들여 주는 경우도 가끔 있을 수 있습니다.

다만, 이것이 상대에게 '압박하면 어떻게든 된다.'라는 인상을 준다는 것은 알아둬야 합니다. 지금까지 휘말리는 일이 많았던 것도 결국은 자신이 모두 받아주었기 때문이라는 자각도 필요합니다.

어디까지나 거절하기 시작하면 쉬워집니다.

하지만 그렇게 쉽게 거절할 수 없기 때문에 곤란하다고 생각하고 있을 수 있습니다. 거절의 고수가 되기 위해 지금까지 살펴본 다섯 가지 마음가짐을 머리에 새긴 후, 다음부터는 거절하는 방법을 구체적으로 살펴보겠습니다.

더 이상
휘둘리지 않아!
거절의 방법 13가지

■ 먼저 기억해둬야 하는 기본편

1 │ 거절하는 방법을
시뮬레이션하라

지금부터는 거절의 방법을 소개할 것입니다. 이 중 어느 것이라도 좋으니 '다음에 뭔가 부탁받으면 이렇게 거절해야지.'라고 정해 두는 것을 추천합니다.

지금까지 휘둘려 온 사람은 원래 '거절'이라는 행위에 익숙하지 않습니다. 그렇기 때문에 항상 이래라저래라 휘둘려 왔다고 할 수 있습니다.

이 책을 통해 거절의 방법을 익힌 뒤에도 막상

부탁받거나 권유받았을 때 적절한 말과 행동을 고르지 못한다거나, 상대에게 휘말려 결국 거절할 수 없게 되어버리는 상황을 피하기 위해서는 미리 시뮬레이션을 해 두는 편이 좋습니다.

그리고, 받아들이고 싶지 않은 부탁이나 권유를 들었을 때, 시뮬레이션한 대로 바로 실천해 보세요.

이러한 생각에는 사실 부수적인 효과가 있습니다.

당신이 '다음에는 이렇게 거절하겠다.'라는 생각을 하면 겉으로도 드러나게 됩니다. 이것만으로도 '거절할 줄 아는 사람의 기운'이 당신을 휘두르던 사람에게도 전해져, 거절해야 할 상황 자체가 줄어들 가능성이 큽니다. 싸우지 않고도 이기는 효과가 있다고 말할 수 있는 것이죠.

2 | 순간 생각하는 척하라

거절하고 싶을 때 망설이는 듯이 행동하는 것은 좋지 않습니다.

당신이 '어떻게 거절할까.'하고 머뭇거리고 있을 때, 상대는 그 모습을 보고 한 번 더 밀어붙일 기회라고 간주합니다.

거절하는 마음가짐에도 '짧게 잘라 말한다, 깔끔하고 분명히 말한다.'가 있었습니다. 말을 더듬기보다는 딱 잘라 말해 버려야 상대가 깨끗하게 포기하게 만들 수 있습니다.

다만, 무엇인가를 부탁받자마자 바로 "못합니다.", "갈 수 없습니다."라고 대답하는 것은 나쁜 인상을 줄 수 있습니다.

그러니 순간 생각하는 척해야 합니다.

'망설이고 있다.'가 아니라 '생각하고 있다.', '검토하고 있다.'라는 느낌을 줍니다.

이 아주 조금의 틈을 취하는 것으로, '당신의 부탁이나 권유에 응할 수 있을까 생각해 보았는데

휘둘리지 않는 말투, 거리감 두는 말씨

응할 수 없다고 판단했습니다.'라는 뉘앙스를 내 봅
시다. 말로 직접 옮긴다면 이런 느낌입니다.

"아……. 아, 죄송합니다. 못 하겠습니다."
"아……. 아, 죄송합니다. 못 가요."

처음의 "아……."에는 조금 위쪽을 보며 생각하
는 척합니다. 그리고 "아, 죄송합니다. 할 수 없습니
다."라고 망설임 없이 짧게 잘라서, 깔끔하게 말합
니다.

그러면 상대는 '제대로 생각해 주었구나.'라는
인상을 받게 됩니다.

즉, 앞의 "아……."는 상대에 대한 친절입니다.
상대에게 이런 작은 친절을 베풀면, 결국은 거절당
해도 적대심을 가지지 않습니다. 이것으로 자신의
인상을 나쁘게 하는 일 없이 상대가 '그래, 알았다.'
라고 깨끗하게 단념하도록 할 수 있습니다.

3 | 상대방을 계속 긍정하라

앞서 언급한 잘 거절하는 마음가짐 중에 "미안합니다."라는 말로 상대가 스스로 포기하게 하는 것도 있었습니다.

그것의 실제 방법이 여기서 설명하는 '상대를 계속 긍정하라.'입니다.

이는 복잡한 기술이 아닙니다.

상대방의 말이 뛰어나고 올바르며 누구든 받아들일 만 하다는 의사를 먼저 나타냅니다.

'이런 것을 나에게 부탁해 주어서 고맙습니다.'라고 감사를 표현하는 것도 효과적입니다.

이렇게 긍정적인 태도를 보인 후에 단호하고 깔끔하게 거절합니다.

"하지만 저는 괜찮습니다."
"이번에는 사양하겠습니다."

지금의 이야기로 느꼈겠지만, 짧게 잘라 말하는

것과 깔끔하고 분명히 말하는 것은 거절할 때뿐입니다. 상대방을 긍정하는 부분은 길어져도 상관없습니다.

오히려 상대를 긍정하는 부분이 길수록 '내 말이 옳다.', '공감받고 있다.'라고 느낀 상대의 만족감이 높아져, 최종적으로 단호하게 잘라 거절해도 적대심을 받지 않게 됩니다.

거절할 때는 거절의 이유를 장황하게 설명하는 논법보다 '정말 구미가 당기는 제안이지만 그럼에도 불구하고 거절한다.'라는 논법이 훨씬 효과가 강합니다.

거절하는 이유를 설명하게 되면, 상대방은 이에 대한 반발심이 생겨 당신의 주장을 뒤집으려고 할 것입니다.

하지만 거절의 이유를 설명하기 전에 상대방의 제안이 가지는 장점을 먼저 언급한다면, '그렇게까지 알고 있는데도 거절하는 것을 보니 정말 안 되나 보다.'하고 체념하게 됩니다.

좀 더 확실히 이해할 수 있도록 한 가지 구체적인 예를 들어보겠습니다.

예를 들어 어떤 모임에 초대되었을 때,

"와~! 그런 모임이 있구나. 그렇군요, 초대해 줘서 정말 고마워요. 너무 가고 싶네요. 말씀대로 정말 즐거울 것 같아요. 구성원들도 다 좋은 사람들 같고. 하지만 이번에는 못 갈 것 같아요. 초대해 줘서 정말 고마워요. 잘 보고 와요."

이 예에서 '짧게 잘라 말한다, 깔끔하고 분명히 말한다.'를 적용하는 것은 '하지만 이번에는 못 갈 것 같아요.'라는 부분뿐입니다.

이 방법의 서론에서 상대를 긍정하는 것은 '상대방의 말이 뛰어나고 올바르며 누구나 받아들일 만하다.'라고 표현하는 것이라고 설명했습니다. 그렇게 되면 그때마다 무언가를 긍정해야만 한다고 생각하겠지만 반드시 그런 것이 아닙니다.

조금 전 그 예시를 다시 한번 봐주세요.

"가고 싶다.", "즐거울 것 같다.", "좋다."라고는 말하지만, 그 모임에 왜 가고 싶은지, 무엇이 즐거워 보이는지, 누가 어떻게 좋은지에 대해서는 일절 언급하지 않았습니다.

즉, 무슨 말을 할지 생각하지 않아도 됩니다. 어떤 상황에서든 활용도가 높은 긍정어 예문을 준비해두면 고민하지 않아도 됩니다.

"매력적이다.", "재미있겠다.", "멋지다.", "건강해질 것 같다.", "대단하다.", "도움이 될 것 같다.", "공부가 될 것 같다." 등의 말을 조합하면 됩니다.

예를 들어
- 모임 등의 권유라면 가고 싶다, 즐거울 것 같다 등
- 자기계발 관련 세미나의 권유라면 유익해 보인다, 도움이 될 것 같다 등
- 투자 관련 세미나의 권유라면 이득이 되는 이야기, 공부가 될 것 같다 등

이런 식으로 상대를 계속 긍정한 뒤, "하지만 이번엔 사양할게."라고 거절합니다.

이렇게 하면 상대방은 먼저 공감을 받았기 때문에 당신에게 적대감을 가지지 않게 되고, 더 이상 당신을 설득할 수 없게 되어 물러설 수밖에 없습니다.

4 | 제3자와의 인간관계를 탓하라

거절할 때까지 굳이 정직할 필요는 없습니다.

거짓말을 해서 간단히 거절할 수 있다면, 해도 된다고 생각합니다.

당신을 휘두르는 사람의 통제에서 벗어나기 위한 거짓말이라면 나쁘지 않습니다. '거짓말을 해버렸다.'라는 죄책감에 괴로워할 필요도 없습니다.

당신은 지금까지 항상 거절해도 되는 상황에서도 거절하지 못하고 휘둘려 왔습니다. 그래서 지금 거절하기 위한 방법을 몸에 익히려는 것입니다.

그러니 앞으로는 자신을 지키기 위한 거짓말도 사용해 봅시다.

누군가를 탓하는 것은 거절하는 데 유용한 거짓말입니다. '나는 괜찮은데 내 주변 사람들이 좋아하지 않는다. 그래서 거절한다.'라는 논법입니다.

예를 들어 '아이 친구 엄마의 부탁'은 이 방법을 사용할 수 있는 전형적인 예입니다.

휘둘리지 않는 말투, 거리감 두는 말씨

"초대해 주셔서 감사합니다. 그런데 남편이 이런 걸 너무 싫어해요. 전에도 비슷한 권유가 있어 갔다 왔는데 남편이 굉장히 언짢아해서……. 한동안 분위기가 안 좋아졌어요. 아이들에게도 미안하고. 그러니 사양할게요."

여기서 의미하는 것은 '당신의 권유를 받으면 또 부부 사이가 안 좋아져 아이에게도 좋지 않다.'라는 것입니다.

즉, 이것은 상대의 권유를 받는 것에 어떤 위험이 있는지를 보여주는 것으로, 상대가 '그러면 어쩔 수 없지.'라고 생각하게 만드는 작전입니다.

따라서 그 위험은 극단적일수록 효과적입니다.

예를 들어, '~~해서 남편과 사이가 나빠졌었다.'라고 하면, 상대는 추가로 부탁을 할 수가 없습니다. 그러나 상대에게 거짓이라고 들키면 효과가 없어져 버리기 때문에, '가능한 범위에서 가장 극단적인 상황'을 설정하는 것이 좋습니다.

5 │ 제3자에 대한 분노를 공유하라

이 방법도 방법 ④에서와 마찬가지로 자신 이외의 누군가를 핑계로 대며 거절하는 것입니다.

방법 ④에서는 상대의 부탁을 들어줌으로써 관계에 생기는 위험을 이유로 들었습니다. 이 장에서 보여주는 것은 '분노'입니다. '나는 가고 싶은데 제3자 때문에 못 간다. 정말 화가 난다.'라는 모습을 상대방에게 보여주는 것입니다.

물론, 방법 ④에서와 같이 제3자의 이야기는 거짓이라도 상관없습니다.

이 방법은 받아들이는 것이 맞지만 왠지 거절하고 싶은 부탁, 거절할 만한 정당한 이유가 없는 부탁에 사용하면 좋습니다. 제3자 때문에 (라고 상대가 생각하게 하는) 받아들일 수 없다고 말하면 상대도 당신에게 억지로 강요할 수 없습니다.

예를 들면, 엄마들의 모임에 초대되었을 때 단순히 '가지 않는다.'라고 하는 것만으로는 반감을 살 우려가 있지만, 다음과 같이 거절하면 상대는

휘둘리지 않는 말투, 거리감 두는 말씨

물러날 것입니다.

"이번 토요일 모임에 가려고 했는데 친정어머니가 편찮으셔서요. 이번 주말에 와 달라고 하셔서……. 항상 뭔가 일정이 있을 때만 이런 말씀을 하시네요. 곤란하네……. 하아……(한숨)."

여기서 대상으로 꼽는 제3자는 친정 부모님, 시부모, 조부모, 상사 등 당신이 말을 들어야만 하는 사람으로 설정하는 것이 좋습니다.

특히 비슷한 상황에 부닥쳐 있는 상대라면 당신이 처한 상황에 공감해 줄 것이므로 더욱 효과적입니다. 그래서 상대는 대개 "그렇다면 어머니께 가봐. 이쪽은 괜찮으니까." 등으로 물러날 것입니다.

하지만 어떤 사람들은 교묘하게 설득을 시도할 수도 있습니다.

"어머니께서 힘들지도 모르지만, 너에게도 너의 삶이 있어. 정말 이번 주말이 아니면 안 돼? 그리고 꼭 네가 가야 하는 건가?"

이런 경우는 상대방의 말에 따라줍시다. 갈 수 없는 이유인 제3자를 '공통의 적'으로 함께 원망하는 전략입니다.

"아니 정말. 그게 내가 말하고 싶은 거야…….
하아……(한숨)."
"그렇지……. 왜 이번 주말이야? 왜 나야? 내가 묻고 싶은 말이야, 정말……."

당연히, 상대방의 말에 맞장구를 치지만 받아들이지는 않아야 합니다.

어디까지나 '당신과 같이 생각한다.'라고 가장하는 데 그쳐야 합니다. 그리고 이건 이제 결정된 사항이니 번복할 수 없다(더 이상 얘기하지 말자)는 뉘앙스를 풍기면 됩니다. 마지막의 한숨이 그 신호입니다.

이 자세를 유지하지 못하면 상대의 압박에 밀려 "알았어, 어머니께 한 번 물어볼게." 등 쓸데없는 말을 꺼낼 수도 있습니다.

이렇게 폭발적인 분노가 아닌 억누르는 분노를

휘둘리지 않는 말투, 거리감 두는 말씨

보이게 되면 오히려 위축되는 것은 상대방입니다.

당신은 참여를 강요하는 상대를 제3자를 향한 분노에 함께 개입시키고, 간접적으로 거절하고 있는 것입니다.

마지막으로 한 가지 유의점을 알려드리겠습니다.

분노를 나타낸다고 해도, 큰 소리를 내는 등 정말 화가 난듯한 느낌은 내면 안 됩니다. 문장부호로 하면 '!'가 아니고 '……'의 느낌으로, 조용한 분노를 보이세요. 그렇게 하는 편이 위압적인 분위기가 조성되어, 최대한의 효과를 발휘할 수 있습니다.

휘둘리지 않는 말투, 거리감 두는 말씨

6 │ 감정적 반응을 보여
   대화를 끝내라

거절을 잘하려면 이해시키려 하지 않아야 합니다. 앞서 설명한 것처럼 거절할 때 구구절절 설명하는 것은 효과가 없습니다.

논리적으로 설명하고 알리려 할수록 상대는 그것을 반박하려 하기 때문입니다.

그래서 포기하게끔 유도하는 것도 방법인데, 이 장에서 배워볼 것은 '감정적 반응을 보이는 것'입니다.

감정적 반응은 구체적으로 말하면 '무섭다.', '당황스럽다.'라는 감정입니다.

"싫다."라고 강하게 말하는 것은 좋지 않은 인상을 주지만, '무섭다.', '당황스럽다.'라는 본인도 모르게 보이는 감정적 반응이라는 느낌이 들어 무리하게 부탁하기엔 다소 미안한 느낌이 듭니다.

모든 상황에 적용되는 방법은 아니지만, "새로운 사업은 반드시 돈이 될 테니 조금만 투자해 주세요."라던가 "재미있는 모임이 있으니 같이 가자."
와 같이 잘 모르는 것을 권유받았을 때 효과 만점
입니다.

"어머, 그런 건 왠지 무서워서……. 미안, 안 갈래."
"음, 내가 그런 건 잘 몰라서 당황스럽네. 미안."

포인트는 이처럼 무서움과 당황스러움이라는 감
정을 내비치는 것입니다.
들릴 듯 말 듯 한 혼잣말로 감정을 내보여, 상
대방과의 대화를 종료시키는 것입니다. '생각만 해
도 무섭거나 당황스럽다.'라는 느낌을 표정이나 말
로 나타내는 것입니다.

상대로서는 이렇게 설득을 차단당하면 더 이상
압박할 방법이 없습니다.
귀신의 집을 싫어하는 사람은 아무리 가짜라는
사실을 알면서도 공포를 느끼고 들어가길 꺼리죠.
남의 공포심을 제거하는 일은 쉽지 않습니다.
사람의 사고는 설득을 통해 바꿀 수 있지만, 사람
의 감정을 바꾸는 일은 거의 불가능합니다.

이처럼 감정을 마음껏 드러내어, 상대방과의 대화를 끝내는 것. 즉, 대화의 주도권을 선점하는 것입니다.

거기서 상대의 반응조차 무시하고 밀어붙이는 사람은 좀처럼 없을 것입니다.

왜냐하면, 감정적으로 거부 반응을 보이는 사람들에게 "아니, 괜찮다."라고 강요하는 것은 예의에 어긋나는 행위이고, 누구든 예의 없는 사람이라고 여겨지긴 싫으니까요. "그렇다면 어쩔 수 없지."라고 하면서 포기할 수밖에 없습니다.

7 | 납득은 하면서도
설득당하지 말라

무언가를 하려고 할 때 체면을 차리기 위해서, 혹은 누군가의 눈치를 보다가 포기한 적이 있지 않습니까?

그럴 때 쓸 수 있는 '남의 시선으로부터 자유로워지는 방법'이 있습니다.

이것은 지금까지 소개해 드린 기초 기술의 응용인데, 참고하면 좋습니다.

이 기술은 한마디로 말하면 '이상한 사람을 자처하기'입니다.

예를 들면, 다음과 같습니다.

우선, 당신이 하고 있거나 하려고 하는 일을 타인으로부터 비난받거나 강하게 반대당하면, 그 상대에게 일단 이렇게 대답해 주세요.

"맞아!" 라고요.

그런 다음, 자신이 그 일을 함으로써 생기는 단점이나 손해를 당당히 이야기합니다.

"맞아. 내가 하려고 하는 일은 이런 손해를 볼수 있고, 이런 위험도 있고, 합리적으로 생각하면 아무리 생각해도 현명한 선택은 아니야."

그리고 더 나아가 그 사람이 말하는 '하지 않는 것이 나은 이유'에 대해서도 적극적으로 말하는 것입니다.

"확실히 그래."
"응. 그런 손해도 있어."

그런 다음, 다음과 같이 마무리합니다.

"나는 그래도 하고 싶어서 하는 거지만 단점이 많다고 생각하기 때문에 다른 사람에게는 추천하지 않아."

이렇게 하면 십중팔구 상대방은 더 이상 말하

지 않을 것입니다.

게다가 상대의 기분을 상하게 하지 않고, 오히려 호감도를 높일 수도 있습니다.

'납득은 하면서도 설득당하지 않는다.'라는 것은 앞에 말한 '상대를 긍정하라.'와 비슷한 기술로, '내 잘못이다.'의 응용편입니다.

일단 상대의 말에 수긍해 주지만 설득은 당하지 않는 것입니다. '나는 당신 말대로 하지 않을 거야.'라고 표현합니다.

"그런 건 절대로 하지 마.", "이건 무조건해야 해."와 같이 상대의 강한 반대 혹은 끈질긴 권유를 한 번에 거절하고 싶을 때 사용할 수 있습니다.

예를 들어, 다음과 같은 표현이 있습니다.

"그렇네. 내가 하려는 것은 이런 위험이 있고, 실제로 이 정도 손해가 생기기 때문에 합리적으로 생각하면 내가 하려는 것은 현명하다고 할 수 없지."

"그렇네. 당신의 이야기를 들어보니 이렇게 될 가능성이 있고, 이렇게 되면 나에게 도움이 될 테

휘둘리지 않는 말투, 거리감 두는 말씨

니 꼭 해야겠다."

이런 식으로 우선 상대방의 말에 동의해 준 후, 이에 넘어가지 않는 것이죠.

"그러니까 또 다른 사람이 이렇게 한다고 하면 말려야지. 난 할 거지만. 하마터면 다른 사람에게 도 권유할 뻔했네! 알려줘서 고마워."
"그러니까 만약 비슷한 상황을 겪는다는 사람이 있다면 그렇게 추천할게. 난 안 할 거지만. 고마워."

이렇게, '나는 할 거지만', '나는 하지 않을 거지 만'의 한마디로 설득되지 않았음을 보여줍니다.
무심하게 말할수록 오히려 절대 설득되지 않을 것이라는 느낌을 줍니다.

여기서 꼭 덧붙여 주었으면 하는 것은, '당신의 말은 맞지만, 반대로 하는 내가 좀 이상하다.'라는 뉘앙스입니다. 이상한 사람을 자처하며 스스로를 비웃는 것이죠.

만약 이렇게 말했음에도 불구하고 이야기가 끝나지 않고

"아니, 그러니까 하면 안 되는 거 알지? 하지 마."
"아니, 그러니까 하는 게 좋은 거 알지? 그렇게 해."

라며 상대가 끈질기게 말한다면 이렇게 말하세요.

"맞아, 알고 있어. 그런데 이렇게까지 말하면 보통 그렇게 하잖아? 그런데 나는 그렇게 안 해. 나 진짜 웃기지? 내 친구들은 내가 이래서 웃긴다고 하더라. 아, 친구라고 하니까 생각났는데, 어제 어떤 친구를 만났는데 말이야……."

이런 식으로, 스스로 이상한 사람임을 자처하고 상대와 함께 웃으면 상대방의 기분을 해치지 않으면서 거절할 수 있습니다.

그리고 앞의 예처럼 마지막에 "~하니까 생각났는데……"라는 식으로 대화를 다른 화제로 옮기는

휘둘리지 않는 말투, 거리감 두는 말씨

것도 효과적입니다.

하지만 그런데도 상대가 포기하지 않는다면 웃으며 "그냥 나는 말을 안 듣는 병에 걸린 사람이라고 생각해."라고 말합니다.

이렇게 하면 대부분의 사람이 설득을 포기합니다.

상대가 정말로 웃고 있는지는 크게 상관없습니다. 어쨌든 '나도 이런 내가 웃기다.'라는 태도로 상대를 대하면 소기의 목적은 달성되는 것입니다.

8 | 단호하게 '강력한 한 방'을 외쳐라

지금까지의 설명을 잘 따라 왔다면 거절의 기술에 익숙해졌을 것입니다.

이쯤에서 '강력한 한 방'을 소개하려고 합니다. 읽자마자 너무 과하다고 생각할 수 있지만, 익숙해진다면 충분히 가능한, 아주 효과적인 기술입니다.

이 기술은 단 한마디면 충분합니다.

"으, 싫어."

아니면 조금 생각하는 척을 하다가

"싫어!"

라고 단호하게 말하는 것입니다.

이 기술의 포인트는 예상 밖의 행동을 하는 것입니다. 그래서 어안이 벙벙해진 상대에게 딱 잘라 말하는 것입니다.

상대는 당신이 그렇게까지 단호하게 말할 것

이라고는 예상하지 못했을 것입니다. 깜짝 놀라서 "어? 어, 그럼 못 하겠구나."라고 대답하게끔 만드는 것이죠.

상사 등 윗사람에게 사용하는 것은 위험하지만, 가족이나 지인, 친구, 가끔은 직장 동료에게도, 의외로 폭넓게 사용할 수 있는 방법입니다.

만약 직접적으로 싫다고 말하는 것이 불편하다면 이를 상대와 타협하는 기술로 사용한다고 생각하세요. 그러면 마음이 편해질 것입니다.

장난스럽게 "어우, 싫다."라고 하면 대개 상대는 웃습니다.

그리고 바로 "하지만, 이 정도는 해 줄 수 있다."라고 타협안을 제시하세요.

그러면 "그러면 그 정도만이라도 부탁해."라는 식으로 상대가 쉽게 받아들일 것입니다.

9 │ 목소리를 크게 내라

예상 밖의 행동을 한다는 맥락에서, 단순히 '큰소리로 거절하는' 방법도 추천합니다.

예를 들면, 회사 선배가 "오늘 술 마시러 가지 않을래?"라고 권유할 때,

"아, 죄송합니다. 오늘은 야근해야 할 것 같아요."

"아, 죄송합니다. 오늘은 선약이 있어요."

하고 아주 대수롭지 않게 거절하는 말을 큰소리로 하는 것입니다.

처음에는 목소리를 크게 내는 것 자체가 불편할 수 있지만, 목소리의 힘은 생각보다 강합니다.

누구나 한 번쯤 큰 소리에 움찔한 경험이 있을 것입니다. 큰소리를 들으면 무의식적으로 위축되게 됩니다. 그 반사 작용을 거절에 활용하는 것입니다.

그러나 이것이 상대에게 위압적인 느낌을 주는 것에서 그치지 않고 '위압감 그 자체'가 된다면 역

효과가 나게 됩니다.

이를 방지하기 위해서는 공격적인 말을 하지 않으면 됩니다. 상대에게 친절하게 말하되, 목소리만 크게 말하세요. 그저 목소리를 크게 할 뿐이므로, 친절함과 무게감의 균형이 잡혀 상대가 순간적으로 놀랄 수는 있지만 나쁜 인상을 주지는 않을 것입니다.

10 | 거절할 용기가 없을 땐
일단 입을 다물어라

방법 ⑧과 ⑨가 아무리 효과적이라 해도 곧바로 사용하기 힘들 수 있습니다.

그런 사람에게는 정반대의 방법을 추천합니다.

단호하게 거절하지는 못해도 "YES."라고만 하지 않으면, 적어도 상대방의 부탁이나 권유를 받아들인 것은 아닙니다.

사실 침묵도 효과적인 거절법입니다.

이 방법의 포인트는 '생각에 잠긴 얼굴'을 하는 것입니다.

단지 입을 다물고만 있으면 멀뚱멀뚱한 표정이 되기 쉽고, 그러한 표정을 본 상대는 기분이 나쁠 수 있습니다. 이런 식으로 상대에게 나쁜 인상을 주지 않기 위해서 '생각에 잠긴 얼굴'을 하고 입을 다무는 것입니다.

단호한 거절을 어려워하는 사람이라도 아무 말

도 하지 않는 것은 당연히 할 수 있을 것입니다. 거기서 생각에 잠긴 얼굴이라는 한 가지 요소를 더하는 것만으로도 상대의 부탁을 거절하기가 쉬워집니다.

여기서도 알아두면 좋은, 이것은 연기라는 것입니다.

당신은 '생각에 잠긴 얼굴로 입을 다문다.'라는 지문을 연기하고 있는 것입니다. 그래서 진짜 무엇을 생각해야 하는 것은 아닙니다. 머릿속은 하얘도, 무엇인가 생각하는 얼굴을 하면 됩니다.

이것의 응용편으로, 상대가 말하고 있는 것을 따라 말한 뒤 입을 다무는 것도 효과적입니다.

예를 들어, 상대가 "이거 오늘 중으로 해 둬."라고 하면,

"이걸 오늘 중으로요……." (생각에 잠긴 얼굴로 침묵한다)

이런 느낌입니다.

그러면 대개 상대측이 침묵을 견딜 수 없게 되

어 "그래, 알았어."하고 물러서거나, "오늘까지가 힘들다면, 내일까지는?"이라며 양보할 것입니다. 침묵이라는 무기로 당신이 대화의 주도권을 잡을 수 있게 해 줄 수 있습니다.

쉽고도 효과적인 거절법으로, 한번 해 보면 거절에 대한 자신감이 생길 것입니다. 이를 마음의 밑거름으로 삼아 자신감이 뚜렷해졌을 때, '자, 이제 이렇게 거절해 보자.'하고 다른 방법도 시도해 보면 됩니다.

이렇게 다양한 거절법을 구사할수록 당신은 휘둘리지 않는 사람에 가까워질 것입니다.

11 │ 가능한 일만 맡아라

때와 경우에 따라 아무래도 거절하기 어려운 경우도 있을 것입니다.

원래 거절하는 것이 힘든 사람도 있겠습니다.

방법 ⑩의 '일단 입을 다문다.'도 실천하기 힘들다면, 그런 경우는 한층 더 장벽이 낮은 방법이 있습니다.

당신이 먼저 타협안을 제시하면 됩니다.

"100% 해내는 것은 힘들지만, 가능한 범위에서라면 맡을 수 있다."

당신 쪽에서 먼저 제안한다면, 그것만으로도 휘둘리고 있는 상황에서 한 발 벗어나게 되는 것입니다.

당신이 내민 타협안이 상대의 요구를 일부 수용한 것이라고 해도, 결국 당신의 제안을 상대가 받아들이는 것이기 때문에 관계의 주도권은 당신의 손에 넘어가는 것입니다.

만약 상대방이 당신의 제안을 받아들이지 않았다고 해도 당신은 처음에 상대가 한 제안을 무턱대고 거절한 것이 아니라 제대로 된 타협안을 제시했고, 그것을 상대측이 거절한 것이므로 당신의 잘못이 아닙니다.

예를 들어, 지인에게 뭔가 부탁이나 권유를 받았을 때, 혹은 윗사람에게 뭔가 부탁이나 권유를 받았을 때 등에 사용할 수 있습니다.

"미안해. 그건 다 할 수는 없지만, 이 정도면 할 수 있어."

"미안해. 그 정도 시간을 내는 건 어렵지만, 잠깐 얼굴을 비추는 정도로 들를 순 있어."

"죄송합니다. 그건 어렵지만, 이 정도는 할 수 있습니다."

"죄송합니다. 오늘은 좀 힘듭니다만, 다음 주 이른 시간이라면 동행할 수 있습니다."

의외로 누구에게나, 어떤 경우에도 사용할 수

있는 방법입니다.

이 방법의 장점은 주도권을 잡을 수 있는 것뿐만이 아닙니다. 사실 이렇게 할 수 있는 일까지만 맡는 게 당신의 신뢰도를 올리는 방법이기도 합니다.

사람에게 휘둘리기 쉬운 사람은 서투른 일이나 못 하는 일까지 어영부영 떠맡기 쉽습니다.

당신도 그런 적이 있지 않나요?

떠맡은 이상 할 수밖에 없습니다. 그러나 싫어하는 것은 잘 못 하고, 못하기 때문에 안 좋은 결과를 낼 수 있습니다.

이렇게 되면 상대방의 기대만큼 성과를 내지 못해 상대방은 당신에게 실망하게 되고, 당신은 일 못 하는 사람으로 낙인이 찍히게 됩니다.

그러면 당신은 점점 위축되고, 상대방과의 갑을 관계가 강화될 것입니다. 하나도 좋을 게 없는 것이죠.

미국의 사업가이자 IBM의 초대 사장이었던 토

머스 J. 왓슨이 남긴 말 중 다음과 같은 말이 있습니다.

"뛰어난 걸 원하면 오늘 당장 이룰 수 있다.
지금 당장 뛰어나지 못한 일을 그만둬라."

자신이 잘하는 일을 하면 자연스럽게 성과를 계속 내게 되어 주위로부터의 평판도 올라간다는 의미입니다.

여러분도 꼭 이 말을 머릿속에 새겨 두세요.

"이건 할 수 있지만, 이건 할 수 없어요."라고 분명히 밝히면 재미있게도 "할 수 있어요."라고 말한 부분이 더 돋보입니다.

그리고 잘하는 것으로 성과를 낼 수 있는 것은 당연하기 때문에, 결과적으로 당신은 항상 상대의 기대에 부응할 수 있을 것입니다.

이렇게 평가가 올라가고 신뢰받음과 동시에, 당신은 더 이상 약자가 아니며, 상대방과의 갑을 관계로부터 자유로워질 수 있습니다.

휘둘리지 않는 말투, 거리감 두는 말씨

자신의 성장을 위해 도전적인 일을 맡을 수도 있습니다. 그것대로 의미가 있으니까요.

하지만 거절하지 못해 싫어하는 일이나 할 수 없는 일까지 떠맡는 것은 아까 말한 것처럼 자신의 목을 조르는 일밖에 되지 않습니다.

그러니 기본적으로는 가능한 일만 맡는다는 의식을 기반으로, '무엇을 어디까지 할 수 있는지.'를 상대에게 명확하게 표현하는 것입니다.

이마저도 힘들다고 느낄 수도 있지만, 첫걸음을 내딛는 것이 중요합니다. 100% 거절하는 것보다 할 수 있는 범위에서 일을 맡는 것이 실천하기 쉬울 것입니다.

12 │ 아무 일도 없었던 것처럼 말을 걸어라

방법 ①~⑪까지 거절하는 방법을 설명했는데, 여기서 아주 중요한 것을 소개합니다.

거절한 뒤의 대처까지도 중요한 요소라는 것을 꼭 명심하세요.

'어떻게 거절하는가.'보다 '거절한 뒤 어떻게 행동할 것인가.'에서 향후 상대와의 관계 지속 여부가 결정된다 해도 과언이 아닙니다. 그만큼 거절한 이후의 대처는 굉장히 중요합니다.

오히려 '거절한 이후 대처만 잘하면 거절하는 것은 별문제가 아니다.'라고 생각하면 거절하는 것 자체에 대한 거부감이 줄어들 것입니다.

그렇다면 상대의 부탁을 거절한 후 어떻게 대응해야 할까요? 바로 '아무 일도 없었던 것처럼 말을 거는 것'이 정답입니다.

객관적으로 봐도 당신에게 잘못이 없다면 거절한 뒤 일부러 먼저 연락을 하거나 상대를 만나러 갈 필요가 전혀 없습니다.

만일 거절하는 시점에서 당신에게 책임이 있다고 해도, 그 시점에 사과하면 그걸로 그 일은 끝난 것이고, 두고두고 그 일에 대해 질질 끌어도 바뀌는 것은 없습니다.

그저 아무 일도 없었다는 듯이 대화를 시작하면 됩니다.

"맞아, 어제 이 드라마 봤어?"
"참, 이번 협의 관련해서 말인데요."

거절이라는 행위를 특별한 것이라고 생각하면 언제나 불편할 수밖에 없습니다.

그래서 거절한 후에 아무 일도 없었다는 듯이 말을 건네는 것입니다. 마치 거절하는 일이 나에겐 아무 일도 아니라는 듯한 표정을 하고 말을 거는 것이 가장 좋습니다.

애초에 상대방이 무언가를 부탁하거나, 권유하는 것은 상대방의 마음이고, 그것을 거절하는 것 또한 당신의 권리입니다.

그런데 만약 당신이 거절한 것에 대해 계속 죄책감을 가지며 상대의 눈치를 보게 되면, 상대방은 뭔가 해서는 안 되는 일을 한 것 같은 기분이 들 것입니다. 실제로는 그렇지도 않은데 말이지요.

그래서 상대의 일방적인 부탁을 거절한 이후에는 별일 아닌 것처럼 대처하는 것이 가장 이상적입니다.

만약 다음에 만났을 때 상대가 불편해 보여도 모르는 척 태연하게, 아무 일도 없었던 것처럼 말을 걸어 보세요.

상대의 반응이 탐탁지 않아도 뭔가 안 좋은 일이 있었겠다고 생각하고, 굳이 자신의 탓을 하지 말고 평소처럼 행동하는 것입니다.

상대의 언짢은 얼굴도 일종의 연기입니다. '얼마 전에 당신에게 거절당해 상처받았습니다. 미안하다고 느끼세요. 사과하세요.'라고. 그런 표정에 반응할 필요는 없습니다.

또, 이 방법을 통해 앞으로 상대와의 관계를 어떻게 해나가면 좋을지도 생각해 볼 수 있습니다.

아무 일도 없었던 것처럼 말을 건넨다는 것은 말하자면 '앞으로도 당신과의 관계를 지속하고 싶습니다.'라는 당신의 신호입니다.

이에 상대는 어떤 반응을 보일까요?

상대도 마찬가지로 아무 일도 없었던 것처럼 이야기를 이어나간다면 그대로 그 관계를 이어가도 좋습니다.

만약 당신이 말을 걸어도 언짢은 듯이 행동한다면 자연스럽게 그 관계를 놓아주세요.

필요한 것은 상대방의 감정을 굳이 신경 써주려 하지 않는 둔감함입니다.

이것이야말로 관계를 끊을 각오를 하고 거절하는 것입니다. 당신이 나서서 관계를 정리하는 것이 아니라 거리를 두면서, 자연스럽게 상대가 떠나가도록 하는 것입니다. 그러면 오히려 상대가 당신에게 다가오게 될 것입니다.

13 | 멍한 표정을 보이지 않고
빠르게 대답하라

마지막으로 설명하고 싶은 것은 상대의 부탁을 거절하지 않고 떠맡았을 때의 대처법입니다.

상대의 통제에서 벗어나기 위한 거절법이 있듯이, 부탁을 수락하는 데에도 방법이 있습니다. 바로 상대에게 멀뚱거리는 표정을 보이지 않도록 빠르게 대답하는 것입니다.

예를 들어, 일의 지시사항이 구체적이지 않은 사람이 있다고 합시다.

그런 사람의 업무 지시는 언제까지 무엇을 얼마나 해야 할지 몰라 막막합니다. 그래서 시키는 일의 내용을 명확히 밝혀낼 필요가 있습니다.

이는 본래 지시하는 측이 분명히 밝혀야 합니다. 그런데 당신이 밝혀내야 한다니 부당한 이야기이긴 하지만, 이런 사람에게는 어쩔 수 없습니다.

그래서 당신이 상대의 의도를 정확히 파악해야 합니다. 그때 멍한 표정을 짓지 않기 위해서는 빠르게 대꾸하는 것입니다.

상대가 알아듣기 힘든 지시를 하면 "네?"라고 묻게 되고, 머릿속이 새하얘질 것입니다.

이 생각이 얼굴에 나타나면 멍한 표정이 되며, 이 표정이 상대를 짜증 나게 할 것입니다. 상대가 짜증을 내면 당신은 위축되고, 갑을 관계가 더 강화될 수도 있습니다.

그러니 일을 맡으면 일단 재빨리 "네."라고 대답하는 것입니다. 그리고 모호한 부분에 대한 확실한 대답을 얻어내세요.

예를 들어, "이거 해 줘."라는 지시는 업무 내용과 기한이 애매합니다. 그럴 때는

"네. '이거'라는 말씀은 이런 일을 이때까지 하라는 말씀이시죠?"

라는 느낌으로 재빨리 대답하는 것입니다.

못 알아듣겠다고 생각했을 때에도 멍한 표정을 상대방에게 보이지 않도록 알고 싶은 부분에 대해서 빠르게 질문합니다.

"아, 이거라고 말씀하신 게 뭔지 모르겠습니다. 죄송합니다. 가르쳐주세요."

이런 식으로 말입니다.

상대의 말을 반복하는 것도 좋습니다. 예를 들어, "이 데이터 정리해 놔."라고 했을 때,

"이 데이터를 정리하는 거죠. 언제까지 하면 될까요?"

이런 식으로 우선 재빨리 되받아치고 질문을 덧붙입니다.

어쨌든 상대에게 대화 순서를 넘기는 것입니다. 모르는 것을 내 머릿속에서 정리하려 하지 말고 상대방과 대화를 통해서 정리하는 것으로 생각하세요.

휘둘리지 않는 말투, 거리감 두는 말씨

상대방이 말한 뒤의 시간을 멍한 표정으로 흘려보내는 것이 아니라, 상대가 생각할 시간으로 만드는 것입니다.

'상대가 말한 것에 대해 생각한다.'라는 것은 당신이 행동해야 하는 상태입니다. 재빨리 대답하고 질문함으로써 '상대방이 생각하게 한다.', 즉 상대방이 행동해야 하는 상태로 만들 수 있습니다.

자, 그렇게 되면 대화의 주도권은 누구에게 있을까요?

당신이 질문하고 상대방이 생각하게 하고 있으니 당신에게 있습니다. 그것이 바로 이 방법의 효과입니다.

질문했다가 "상관없으니까 빨리해!"라는 말을 듣지는 않을까, 걱정될 수 있지만 이것을 명심하면 됩니다.

'나는 나를 위해 묻는 것이 아니라, 일을 완수하기 위한 당신과 나의 공통 목적 때문에 질문하고 있다.'라는 태도를 보여주는 것입니다.

상대와 같은 생각임을 적극적으로 보여주면 대화의 주도권을 잡기 쉽다는 것은 앞에서도 언급하였습니다.

요컨대 쭈뼛거리며 물어보는 것이 아니라, 제대로 알고 있다는 식으로 당당히 물어보면 좋습니다. 대답을 빠르게 하면 자연스럽게 그런 분위기가 만들어집니다.

그렇게 되면 '일을 잘하고 믿을 수 있는 사람'이라는 이미지를 심어줄 수 있습니다. 이런 사람은 상대방의 통제 대상에서도 자연스럽게 벗어나게 됩니다.

왜냐하면, 앞서도 말했듯 사람을 통제하려는 사람은 쉽게 조종할 수 있는 약자를 상대하려 하기 때문입니다.

태도나 행동을 통해 당신이 약자가 아니라고 느껴지면 상대방은 당신을 통제하려 들지 못할 것입니다.

또한, 이 방법은 실수한 상황에서도 사용할 수 있습니다.

"어, 그거 해버렸어?", "이거 안 했어?" 등 비난을 받으면 "그런데 뭐가 잘못됐지?"하고 머리가 백지장처럼 새하얘질 수 있습니다.

그렇게 되면 모호한 지시를 받았을 때와 똑같이, 문제의 멍한 표정이 되어 "빨리 뭐라고 대답해봐!"하고 상대를 짜증 나게 만들어버립니다.

이런 사람들은 대개 자신이 상대방이 알아듣기 어렵게 말하고 있다는 점을 인지하지 못하고 이해하지 못하는 상대에게 화를 냅니다.

그러니 이런 사람들에겐 똑같이 대응해 주는 수밖에 없습니다. 빠르게 대답하세요.

"네. 했습니다. 하지 않는 편이 좋았을까요?"
"네. 하지 않았습니다. 해두는 편이 좋았을까요?"

이 역시 질문으로 갚으면 된다는 것입니다.

여기서도, 어쨌든 상대에게 질문을 던집니다. 그러면 당신이 이 문제에 대해 골똘히 생각할 필요 없이 상대에게 상황을 넘기게 되고, 상대는 자신이 이 문제에 대해 생각하지 않았다는 사실을 깨닫게 됩니다.

당신은 비난받지 않으면서 상대의 통제에서 빠져나올 수 있는 것입니다.

※ **주의사항**

방법 ⑬에서 설명한 '멍한 표정'이란 말은 앞서 방법 ⑩에서 설명한 '일단 입을 다문다.'의 멍한 표정과는 별도로 생각하세요.

여기서 설명한 멍한 표정은 전략이 아니라 상대의 말 때문에 머릿속이 하얘져서 무의식적으로 나온 표정을 말합니다.

부탁을 거절할 때 전략적으로 사용하는 '멍한 표정'과는 전혀 다르므로 혼동하지 않도록 유의하세요.

이로써 이 장은 끝입니다. 사소한 잔기술만 배운 것처럼 느껴질지도 모르지만, 당신 자신의 원래 성격은 조금도 바꿀 필요가 없다는 것을 여기서도 재차 강조해 두겠습니다.

오히려 자신의 본질을 지키기 위해서 이러한 방법을 쓰는 것입니다.

휘둘리지 않는 말투, 거리감 두는 말씨

누구에게도 휩쓸리지 않고 중심을 잘 지키고 있는 사람은 대부분 이런 방법을 무의식중에 구사하고 있는 사람입니다.

당신도 자신을 지키는 데 필요한 기술을 배운 것으로 생각하고 유용하게 사용하기 바랍니다.

거절은 나쁜 것이 아니다

지금까지 상대의 미움을 받지 않고 거절하기 위한 방법에 대해 설명했습니다.

거절을 '통보'하며 대화를 끝내는 것, 상대를 설득하기보다 스스로를 탓하는 화법을 사용해 상대가 포기하게 만드는 것, 상대와의 관계를 끊을 각오를 가지고 거절하는 것, 감정을 숨기며 짧고 간결하게 거절하는 것, 한계치에 이르기 전에 말하는 것.

이러한 5가지 방법을 사용한다면 평소 부탁을 잘 거절하지 못했던 당신도 '거절쟁이'가 될 수 있을 것입니다.

이상의 방법을 사용했음에도 부탁을 거절해 상대에게 미움받을 것이 걱정된다면 다음의 방법을 사용해 보세요.

거절하는 방법을 시뮬레이션해 보기, 순간 생각하는 척하기, 상대방을 긍정하기, 제3자 탓하기, 제3자에 대한 분노 공유하기, 감정적 반응을 보이며 대화 끝내기, 납득은 하되 설득당하지 않기, 단호하게 싫다고 말하기, 큰 목소리로 말하기, 말을 아끼기, 애초부터 가능한 일만 맡기, 거절 후 아무렇지 않게 대화 시작하기, 멍한 표정을 보이지 않고 빠르기 대답하기.

이런 행동으로 당신은 미움받지 않는 거절쟁이가 될 수 있을 것입니다.

상대방의 부탁을 거절하는 것은 결코 나쁜 일이 아닙니다. 당신이 타인에게 휘둘리지 않기 위한 첫 번째 발판이자, 무리한 부탁을 거절하고 맡을 수 있는 일만 함으로써 상대에게 신뢰를 쌓는 과정이기도 하죠.

이를 의식하고 위의 지침에 따라 행동한다면 당신은 더 이상 상대의 무리한 부탁에 휘둘리지 않을 수 있을 것입니다.

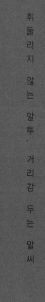

휘둘리지 않는 말투. 거리감 두는 말씨

4장.
METHOD 3

보이지 않는
무게감으로
상대를 사로잡아라

무게감
이란?

3장 'Method 2'에서는 상대로부터 무엇인가 부탁받거나 권유받은 것을 거절하고 싶을 때 어떻게 행동할 것인가에 대한 구체적인 방법을 살펴보았습니다.

이번 Method 3에서는 평상시에도 사용할 수 있는, 무게감 있는 사람이 되기 위한 구체적인 방법을 소개하도록 하겠습니다.

1장에서 설명한 바와 같이 이상적인 인간관계란 친절함과 무게감의 균형으로 만들어집니다.

만약 세상의 모든 사람이 당신을 존중하고, 항상 당신이 원하는 대로 대해 주는 사람들뿐이라면, 당신은 친절한 성격만으로도 어느 정도 사회생활을 할 수 있을 것입니다.

하지만 안타깝게도 세상에는 당신을 존중해 주지 않는 사람들도 존재하고, 당신을 마음대로 휘두르려는 사람들도 존재합니다.

그렇지 않더라도 상대방과의 관계에서 원하는 거리감은 사람마다 다르기 때문에 가정이나 직장이나 친구 관계나 동아리 동료 등, 인간관계에서는 자연스럽게 그 안에서의 이해관계가 발생합니다.

당신도 일상에서 자기주장을 펼쳐야 할 때가 있을 것이고, 주위 사람들에게 휘둘리지 않도록 자신을 지켜야 할 때도 있을 것입니다.

그때 당신 안의 또 다른 기술, '무게감'을 사용해야 합니다.

앞서 서술한 것처럼 여기서 말하는 무게감은 다른 사람을 위협하거나 싸움을 거는 듯한 '위압적인 행위'를 말하는 것이 아닙니다.

일상적인 관계 속에서 당신과 가까워질수록 선을 넘는 상대를 밀어내거나, 당신을 휘두르려는 사람을 떼어내려 할 때 적절한 거리감을 유지하기

휘둘리지 않는 말투, 거리감 두는 말씨

위해 평소에 지니는 '무게감'이라고 하는 분위기입니다.

따라서 이 무게감이라는 것은 되도록 노골적이지 않고, 상대에게 보이지 않을수록 좋습니다.

가능한 한 상대가 눈치채지 못하게 은근한 무게감을 지닌다면 무게 잡는 성격으로 갈등을 일으키는 일 없이 상대와 지속적인 평화로운 관계를 이어 나갈 수 있습니다.

이번 Method 3에서는, 여러 가지 인간관계에서 사용할 수 있는 '보이지 않는 무게감'의 구체적인 기술을 소개합니다.

상대에게 휘둘리지 않기 위한 중요한 기술이니, 쉽다고 생각되는 것부터 상황에 맞춰 사용해 보세요.

끌려다니는 성격을 바꾸자! '보이지 않는 무게감'의 기술 15가지

1 │ 진지하게 듣는 척하라

우선, 남의 이야기를 들을 때의 기본적인 태도 부터 살펴보겠습니다.

'진지하게 듣고 있다.'라는 태도를 보이면, 은근 한 무게감을 줄 수 있습니다.

포인트는 다음 세 가지입니다.
① 입을 꾹 다물고,
② 눈을 날카롭게 뜨고,
③ 작게 고개를 끄덕이면서 진지한 표정으로 상대 방의 이야기를 경청한다.

휘둘리지 않는 말투, 거리감 두는 말씨

상상해 보면 다소 무서운 표정 같겠지만, 당신이 상대를 위협하고 있는 것은 아닙니다.

확실히 상대는 당신에게 무게감을 느껴 이야기하기 어려워할 수 있지만, 당신은 상대의 이야기를 진지하게 들어주고 있기 때문에, 상대는 당신에게 뭐라고 할 수 없는 처지가 됩니다.

그렇게 말하면 상대의 얘기를 진지하게 듣지 말라는 이야기가 될 뿐이기 때문입니다.

이런 분위기를 내는 요령은, 세 번째 포인트의 말한 '작게 끄덕인다'를 활용해 제대로 듣고 있다는 신호를 보내는 것입니다.

너무 경청한 나머지 무표정이 되어버렸다는 느낌을 은연중에 줄 수 있습니다.

고개를 끄덕이면서 갸웃하는 표정을 짓는 것도 좋습니다. 좀 더 생생한 진지하게 듣는 표정이 연출됩니다.

이런 태도로 이야기를 들으면, 상대는 아무 말이나 하기에는 어려워집니다.

그렇게 되면 자신의 이야기를 하던 중이라도 대

화를 빠르게 끝내게 되고, 무엇인가를 강요하려던 경우는 빠르게 단념하게 됩니다.

당신은 말을 하지 않아도 되고, 웃으면서 대화를 끝내면 됩니다. 상대는 '불편할 일은 아니지……'라고 머리로는 생각하면서, 마음속으로는 무게감을 느낍니다.

이처럼 상대의 반감을 일으키지 않고 은근히 상대를 불편하게 만들어 분위기를 주도하는 것이 바로 이 진지하게 듣고 있는 척하는 기술의 효과입니다.

2 │ 집중하는 척하라

무언가에 집중하고 있는 사람은 방해하면 안 된다고 느껴져 가까이 다가가기 어렵습니다. 그 생각을 활용하는 것이 바로 이 작전입니다.

회사라면 손에 들린 서류, 사적인 장소라면 휴대폰 등을 보면서 서류나 문자 내용에 심각한 표정으로 가볍게 한숨을 내쉬거나, 고개를 갸웃거리거나, 혀를 조금 차기도 해 보세요.

마치 보고 있는 서류나 메일의 내용 때문에 화가 난 듯한 표정으로.

이렇게 하는 것에서 그친다면 당신이 자아내는 무게감 때문에 다소 좋지 않은 인상을 줄 수도 있습니다. 그러지 않기 위해서는 이전의 '그 표정'에서 고개를 들어 상대와 눈이 마주쳤을 때 미소를 지어준 후, 다시 눈을 돌려 아까의 '무게 잡는 표정'을 유지하면 됩니다.

이렇게 하면, 친절함과 무게감에 균형이 잡혀

'쿨 하지만 친절해 보이는 사람'이라는 인상을 줄 수 있습니다.

사람들은 일반적으로 이처럼 무게감과 친절함을 동시에 지닌 사람에게 동경을 느끼고 신뢰하는 경향이 있습니다.

그러니 이처럼 친절함과 무게감을 동시에 보여주는 방법을 계속 사용하면 주위 사람들에게 당신이 '자신감 넘치고, 자존감 높은 사람'이라는 인상을 심어줄 수 있을 것입니다.

그렇게 되면 지금까지 당신을 휘두르고 있던 상대방도 당신을 이전처럼 대하기 어려워져 스스로 거리를 두게 될 것입니다.

무표정으로 휴대폰을 보는 것은 누구에게나 일상적인 일이기 때문에 그때의 모습을 떠올리며 연기한다면 그렇게 어려운 작전은 아닐 것입니다.

휘둘리지 않는 말투, 거리감 두는 말씨

3 | 목소리가 아닌 눈으로 의사소통하라

예를 들어, 복잡한 얼굴로 집중하고 있는데 누군가 불렀다고 해서 "네네?"라며 가볍게 대답을 하면서 반응하면 지금까지 당신이 쌓아 올린 무게감이 사라질 수 있습니다.

그럴 때는 소리를 내지 않고 시선으로만 응답해 봅시다. 입은 다문 채 고개를 들어 상대방과 눈을 맞추고, 미소를 짓는 것입니다.

크게 웃는 것이 아니고 어디까지나 '미소'입니다.

즉, 목소리가 아니라 눈빛으로 "무슨 일 있어요?"라고 묻는 것이죠.

이렇게만 해도 쿨하고 매력적인 사람이라는 느낌을 줄 수 있습니다.

만일 당신이 실제로는 성질이 급하고 침착하지 못한 사람이라고 해도, 이렇게 행동한다면 그 누구도 당신이 그러한 사람이라고 생각하지 않을 것입니다.

이 방법은 다른 상황에서도 사용할 수 있습니다.

예를 들면, 누군가 서류를 대신 받아주었거나 부재중으로 걸려 온 전화의 전달사항을 메모해 주었을 때, 말없이 얼굴을 들어 눈으로 미소를 지어 주는 것만으로도 '고맙다.'라는 신호가 됩니다.

이 방법의 가장 큰 포인트는 소리를 내지 않는다는 것입니다.

이것이 왜 효과적일까요?

쓸데없이 이런저런 말을 하는 사람은 '상대가 자신의 마음을 알아줬으면 좋겠다.'라는 과도한 승인 욕구를 표출하는 것으로 보이는 데 반해, 그렇지 않은 사람은 '어딘가 차분하고, 무게감 있고, 자신감 있는 사람'이라는 인상을 주기 때문입니다.

질문에 "네, 네, 네, 아, 그래요, 그래요, 네네."와 같이 쓸데없이 긴 대답을 하면 자신감이 부족해 보이는 어정쩡한 인상이 형성되어 휘둘림의 표적이 되기 쉽습니다.

아마도 지금까지 휘둘려 온 사람들 대부분은 무의식적으로 필요 이상의 대답을 하고 있던 것은 아닐까요?

그렇다고 생각된다면 앞으로 이런 식으로 말과 행동을 고쳐나가 보세요. 당신의 내면에도 변화가 일어날 것입니다.

소리 내지 않고 눈으로만 소통하는, 비굴하지 않은 자세로 타인을 대하면서도 관계를 원만하게 유지하고 있는 나의 모습. 그런 나의 자의식이 자신감을 북돋아 줄 것입니다.

그리고 그 자신감을 토대로 독립심과 주체성을 길러 타인에게 쉽게 휘둘리지 않는 사람이 될 수 있습니다.

4 | 바쁜 척하라

회사에서 '왠지 나만 일을 많이 맡게 된다.'라거나 '사내에서 나만 혹사당하고 있는 것 같다.'라는 고민을 하는 사람도 많을 것입니다.

아마 그런 사람들은 남들 앞에서 '바쁜 척'을 잘하지 못해 그렇게 된 것이라고 생각합니다. 그러니 오늘부터는 좀 더 현대적으로 바쁜 척을 해 봅시다.

요즘 회사의 근무 환경은 열심히 일하는 것만으로는 견디기 어렵습니다. 눈 깜짝할 사이에 불합리한 일을 강요당하고, 간혹 그로 인해 과로 자살을 하는 정도까지 몰리는 사람들도 적지 않습니다.
그러니 너무 성실하게 노력하지만 말고, 책임 외의 일을 떠맡지 않도록 '바쁜 척하는 방법'을 익혀 둡시다.

다음과 같이 의식적으로 행동하는 것입니다. 전혀 어렵지 않으니 내일부터라도 시도해 보세요.

휘둘리지 않는 말투, 거리감 두는 말씨

- 서류를 보면서 걸어 다닌다. 자리로 돌아오면 잠시 멈춰 피곤한 얼굴로 한숨을 쉰 뒤 앉는다.
- 업무 중에 '어디 보자, 이건……'이라고 생각하고 있는 듯한 진지한 얼굴을 하고 책상에 서류를 펼쳐놓는다.

생각보다 너무 단순한 동작이라 '이걸로 효과가 있다고?'하는 의문이 든다면 회사에서 상사로부터 일을 강요받지 않는 동료들을 관찰해 보세요.

부조리한 일을 강요당하지 않는 사람은 평소에도 이런 식으로 행동하고 있을 것입니다.

사소한 행동 하나만으로도 회사에서의 당신의 입지가 달라집니다.

또한, 평소에 주로 당신에게 일을 맡기는 사람에 대한 태도도 다음과 같이 바꿔보세요.

- 거절하는 경우 – "아, 음…… 죄송합니다, 할 수 없습니다." (Method 2의 거절하는 방법 ② 참조)
- 수락하는 경우 – "아, 음…… 네, 알겠습니다."

거절하는 경우, Method 2의 거절하는 방법 ②의 '순간 생각하는 척하기'를 해야 하지만, 사실 수락하는 경우의 방법도 기본은 같습니다.

부탁을 바로 수락하지 말고 순간 생각하는 척하세요. 약간의 간격을 두면서 '해야 할 일이 많은데, 할 수 있을까? 뭐…… 할 수 있겠지.'하고 생각하는 것처럼 보이게 하는 것입니다.

매번 이 방법을 사용한다면 거짓말처럼 느껴질

휘둘리지 않는 말투, 거리감 두는 말씨

수 있기 때문에 가끔 한 번씩만 사용해야 좋습니다.

이렇게 하면 바쁘지만, 상대의 부탁을 들어주는 것처럼 보여 회사 내에서 '할 일이 많으니 사소한 일은 부탁하지 않는 편이 좋은 사람'이 될 것입니다.

인간이란 의외로 단순합니다. 당신이 가지는 이미지는 그 정도의 사소한 행동으로도 쉽게 바뀌니, 자신을 위해 손해 보지 않는 태도를 유지합시다.

5 │ 인사

상대의 눈치를 살피며 말을 기다리는 수동적인 자세는 휘둘리기 쉬운 사람들의 공통점입니다. 거꾸로 말하면, 상대의 눈치를 보지 않고 능동적으로 행동하면 주위에서 당신을 쉽게 휘두르지 못한다는 것입니다.

그런 의미에서 평소에 자신이 인사를 어떻게 했는지도 생각해 보세요. 그리고 이렇게 바꾸어 봅시다.

인사를 할 때는 상대방이 '인사에 답을 해주든 말든 신경 쓰지 않는다.'라는 느낌으로 일방적으로 합니다.

이제부터 이것이 인사의 법칙이라고 생각하세요.
지금까지 다른 사람에게 인사할 때마다 상대의 대답을 기다리며 전전긍긍하던 태도를 버립시다.

이 방법을 익히기 위해서는 가장 먼저 의식적으로 '뭔가를 하면서' 하는 인사를 해 보세요.

휘둘리지 않는 말투, 거리감 두는 말씨

인사를 하기 위해 멈추지 않고 그대로 가던 길을 가면서 상대방을 향해 "안녕하세요!"하고 인사만 건네는 것입니다.

그리고 눈을 보고 웃어 준 다음, 상대의 반응을 기다리지 말고 가던 길을 가면 됩니다.

만약 앉아서 일하던 중이었다면 하던 일을 멈추지 말고 잠시 얼굴을 들어 상대방의 얼굴을 보며 인사해 줍니다.

마찬가지로 눈을 보고 웃어 준 다음, 상대의 반응을 기다리지 않고 하던 업무를 계속 이어갑니다.

이런 인사만으로도 친절하면서도 무게감 있는 사람이라는 이미지를 갖게 되고, 주위 사람들이 당신을 '타인의 평가나 시선에 영향을 받지 않고 자신의 행동을 결정하는 강하고 친절한 사람'이라고 생각해 존중하게 될 것입니다.

6 | 사과할 때는
자책감을 앞세워라

당신이 실수했을 때 아무리 사과해도 전혀 화를 풀지 않는 상사와 동료도 많을 것입니다. 그런 감정적이고 다혈질인 사람들의 분노를 효율적으로 식히는 방법은 없을까요?

사실 여기에는 아주 간단한 대처법이 있습니다.

그것은 죄송하다는 말 이전에 자책하는 태도를 보이면서 사과합니다.

즉, 상대방에게 뭔가 용서받기 위해 겁먹은 얼굴로 그저 잘못했다고 말하는 것이 아니라, 오히려 실수를 한 자기 자신에게 화가 난 것처럼 보이게 하는 것입니다.

상대의 말 하나하나에 공감한다는 표정으로 고개를 끄덕이세요. 해명이나 변명은 거의 하지 않고, "죄송합니다.", "네, 그렇습니다." 정도의 말만 합니다.

휘둘리지 않는 말투, 거리감 두는 말씨

Method 1에서 소개한 '크고 느긋하게'를 의식하며 행동해 보세요.

건방지게 보이는 것 아니냐고 생각할지도 모르겠지만, 쭈뼛거리며 사과하는 것은 오히려 역효과가 있을 수 있습니다.

여유 있는 동작으로 미안함을 표현하는 방법이 상대의 분노를 식히는 데 훨씬 효과가 좋습니다.

왜냐하면, '당신이 나에게 화내는 이상으로 나는 나 자신에게 화가 났다.'라는 자세를 취하면, 당신이 상대방의 분노에 공감하는 상황이 되기 때문에 상대의 분노는 급격히 식어갈 것입니다.

더 나아가서 상대의 눈앞에서 스스로를 비난해 보세요. 상대는 당신을 꾸중하려는 의욕을 잃고 오히려 당신을 진정시키려 들 것입니다. 그런 심리작용을 이용하는 것입니다.

상대에게 질책당하고 있다는 상황 자체에는 변함이 없지만, 실질적으로는 당신이 상대의 행동을 통제하고 있습니다. 제3자가 보더라도 당신이 휘둘리는 것 같지는 않을 것입니다.

이 시점에서 당신과 상대의 관계는 이미 예전 같은 갑을 관계가 아닙니다. 이런 일이 있을 때마다 이 방법을 쓰면, 상대방의 통제에서 점점 벗어날 수 있습니다.

7 | '지병 찬스'를 써라

무게감이 있다고 하면 성격이 강한 사람처럼 보인다고 생각하기 쉽습니다.

확실히, 대부분의 경우 자신의 '힘'을 표현하는 것이기도 합니다.

그러나 '무게감 = 강함'이라고는 할 수 없습니다. 반대로 약한 모습을 통해 무게를 잡는 방법도 있기 때문입니다.

여기서 소개하는 방법, '지병 찬스'가 바로 그러한 유형입니다.

아무리 휘두르는 사람이 자기보다 약한 사람을 표적으로 삼는다고 해도, 몸이 약한 사람에게 무언가 강요하는 행위가 부도덕한 일이라는 자각은 있습니다.

그 누구도 부도덕한 사람이 되고 싶지 않고, 주변에 그렇게 보이고 싶지도 않을 것입니다. 그러니 이러한 심리를 이용하면 타인에게 휘둘리지 않을 수 있습니다.

그러면 실제로 어떤 식으로 이 방법을 사용하면 좋을까요?

말보다 더 효과적인 것은 '아프다.'라는 동작입니다.

병을 가장한다고 하면 꾀병을 떠올리는 사람도 많을 것입니다. 갑자기 기침하거나 배를 문지르거나 하는 행동은 부자연스럽습니다. 거짓말임을 들킬 가능성이 크죠.

대신 '지병'을 이용하는 것입니다. 지병은 오랜 기간 앓아 왔고, 언제 생활에 지장을 줄지 모르는 병이기 때문에 언제나 꺼내 들 수 있는 카드입니다.

단, 빈혈이나 편두통 등은 아픈 부위를 설명하기 어려우니 그다지 추천하지 않습니다.

통증을 표현하기 쉬운 것은 내장 질환보다 정형외과 질환, 특히 추천하는 것은 요통입니다.

요통은 너무 심해지면 걸을 수 없을 정도로 괴로워집니다.

또 많은 사람이 허리 통증을 겪어 봤을 것이기 때문에 걷지 못할 정도의 통증을 상상하기 쉽습니다. 또한, 요통은 날에 따라 상태가 달라지기 때문에 '지병 찬스'를 쓰고 싶을 때만 아파해도 어색하지 않습니다.

종합적으로 볼 때, 역시 요통이 가장 편리한 지병 중 하나입니다.

예를 들어, 귀찮은 일을 부탁받거나 거절하고 싶은 일을 강요받았을 때, "죄송합니다. 이놈의 허리(통증)가……"하고 얼굴을 찌푸리며 허리를 문지르는 것입니다.

이것만으로도 지금까지는 억지로 떠맡았던 일들을 거절하는 것이 상당히 쉬워질 것입니다.

8 │ 바쁜 상황을 연출하라

부모님 등 집안사람으로부터 하릴없이 전화가 걸려와 매번 끝없이 시간을 뺏기는 데 싫증이 난 사람에게는 이 방법을 추천합니다.

바쁘다는 이유를 들어 대화를 빨리 끝내면 됩니다. 이때, '바쁘다.'라는 단어를 직접 말하는 것보다 정말 바쁜듯한 인상을 심어주는 것이 포인트입니다.

상대가 말하기 전에 빨리, 재촉하듯 빠르게 말하는 것입니다.

"(빠르게 말하며) 여보세요? 응, 지금 좀 바쁜데. 뭐? 응응, 그러면 또 볼 일 있을 때 전화 줘. 응, 들어가(끊는다)."

만약 "네가 걱정돼서 전화한 거야!"라고 말한다면,

"아니, 그런 건(걱정) 필요 없으니까. 지금 바빠

서 그런데, 다른 볼 일 없지? 그러면 또 볼 일 있을 때 전화해. 안녕(끊어)."

"응.", "네네." 등 얼핏 보면 맞장구 같은 말도 들어가 있지만, 이것은 상대의 말에 반응해서 하는 게 아닙니다.

상대가 무엇인가 말을 하는 중에, 몹시 바쁘다는 뉘앙스로 이러한 말을 마구 끼워 넣어 상대를 재촉하는 것입니다.

이때, 대화를 끝맺으려 하다가 결국은 부탁을 들어주고 마는 상황이 생기지 않도록 각별한 주의가 필요합니다.

"바쁘긴 하지만, 응⋯⋯. 아, 그래? 아니, 지금 해야 하는 일이 있어서⋯⋯. 아, 그렇구나."

이런 식으로는 상대에게 휘둘리고 있는 것이나 마찬가지이고, 점점 상대에게 말려들게 될 것입니다.

그러니 상대에게 단 1mm도 이야기할 틈을 주지 말고, 단번에 잘라 버립시다.

너무 냉정한 대응처럼 보일지도 모르지만, 실은 그렇지 않습니다. 왜냐하면 "왜?", "무슨 일 있어?", "무슨 일이 생기면 전화 줘."라고 확실히 전하고 있기 때문입니다.

즉, '무슨 일이 있으면 들어주겠지만, 잡담할 시간은 없다.'라는 메시지를 보내고 있는 것입니다.

아예 대화 자체를 거절하고 있는 게 아니라, 어느 정도의 친절은 보여주면서도 상대가 말하는 대로 해 줄 수 없음을 나타내고 있는 것뿐입니다.

상대의 이야기를 들을 의지도 시간도 없다면 대화를 빨리 끝내야 합니다. 잡담을 끝없이 지속하는 편인 상대라면 더욱더 말을 꺼낼 틈조차 주지 않고 끝내는 것이 서로에게 이득입니다.

9 │ 나를 시험하는 상대의 말에 단호하게 대처하라

'어차피 나 같은 건 어떻게 되든 관심도 없잖아.'
혹시 이런 느낌의 말을 들어본 적 있나요?

사람을 휘두르는 유형의 사람은 종종 상대방과 자신의 관계를 시험해 보려 합니다. 보통 연인이나 부부관계에서 자주 있는 일이지만, 친구 사이에서도 있을 수 있는 일입니다.

상대가 당신을 자신의 일부라고 생각하고 있는 정도가 심하면 심할수록, 자신의 생각이 옳음을 확인받기 위해 자꾸만 이런 말을 할 것입니다.
상대의 목적은 당신을 동요시키는 것입니다.

당신이 상대의 말에 동요하며 이리저리 휘둘리는 것을 확인하고 만족하는 것이죠. 이처럼 심리적 조작으로 당신 스스로에 대한 의심을 불러일으키고, 결과적으로 지배력을 행사하는 정신적 학대 유형을 최근 들어 '가스라이팅'이라고도 합니다.

"어차피 나 같은 건, ~이지."와 같은 말투에 대한 가장 좋은 대처법은 '그 수법에는 넘어가지 않는다.'라는 생각으로 상대의 의도를 꺾는 것입니다.

이때 상대의 기분을 해치지 않으면서도 상대의 의도를 좌절시킬 수 있는 방법은 상대방의 떠보는 듯한 말에 오히려 화가 난 듯 대처하는 것입니다.

표정은 정색하고 단호한 말투로 이렇게 잘라 말합니다.

"나는 네가 어떻게 되든 상관없다고 생각한 적 한 번도 없어!"

돌려 말할 필요 없습니다. 말투는 단호하지만, 상대가 듣기엔 기분 좋은 말이므로 오히려 그만큼 강하게 말해 준 것에 기뻐할 것입니다.

결국, 상대의 기분을 맞춰주느라 맥이 빠질 수도 있지만, 생각해 보세요. 상대의 의도대로 행동하는 것과 상대방의 의도와 다르게 상대의 기분을 맞춰주는 것은 차이가 있습니다.

상대의 말에 동요하기만 한다면 당신이 상대보다 아래인 채 그대로인 반면, 상대방의 말에 앞서 화를 낸다면 당신이 상대보다 한 단계 위에 서게 되는 것입니다.

즉, '당신이 상대에게 화난 태도를 보이는데도 상대는 그것을 잠자코 받아들인다.'라는 흐름에 의해서 당신과 상대방의 입장이 순식간에 역전되는 것입니다.

이미 당신의 말로 인해 기분이 좋아진 상대가 눈치채지 못하는 사이, 지금까지 유지되던 관계의 갑을 관계가 흔들릴 것입니다.

10 | 상대의 한쪽 눈만 응시하라

사람의 눈은 두 개이므로 상대의 양쪽 눈을 동시에 볼 수 없습니다.

사람의 눈은 한쪽에만 초점을 맞추게 되어 있습니다.

그러니까 아무것도 의식하지 않고 상대의 눈을 보면서 이야기하면 오른쪽 눈에서 왼쪽 눈, 왼쪽 눈에서 오른쪽 눈 하는 식으로 시선이 이동합니다. 이것이 상대에게는 눈동자가 흔들리는 것처럼 보입니다.

거기서 사용하는 것이 바로 이 방법입니다.

단, 상대의 눈을 똑바로 바라보는 것이 어려운 사람은 한쪽 눈썹이나 이마를 봐도 괜찮습니다.

평소 상대의 눈을 보고 이야기하는 것이 익숙한 사람은 꼭 실천해 보세요.

상대의 눈을 한쪽 눈만 본다는 것을 의식하면 시점이 한 군데로 고정됩니다. 이렇게 상대의 눈을 똑바로 응시하면 상대는 당신이 자신의 마음속까

휘둘리지 않는 말투, 거리감 두는 말씨

지 꿰뚫어 보고 있다는 인상을 받습니다.

이 시선만으로도 상대를 압도할 수 있습니다.

하지만 시선이 너무 강해지면 역효과가 날 수 있으니 표정으로 적당히 조절합니다.

표정은 온화하게, 눈은 상대의 한쪽 눈만 바라보는 것입니다. 이렇게 하면 적당히 친절하면서도 무게 있는 느낌을 줄 수 있습니다.

11 | 상대의 개인 영역을
침해하라

이것도 상대를 대할 때 사용하는 방법입니다.

'개인 영역'은 이 이상 남과 가까워지면 불쾌해지는 공간입니다. 보통 1m 내외인 경우가 많으나 정확히는 사람마다 다릅니다. 여러분도 누군가와 마주 보고 대화할 때 너무 가깝다고 느끼는 거리가 있을 것입니다. 그것이 당신의 개인 영역입니다.

여기서 소개할 방법은 당신을 휘두르는 상대와 대화할 때 상대의 개인 영역을 침해할 정도로 거리를 가까이해서 상대를 당황하게 만드는 것입니다.

처음에는 좀 어려울 수 있지만, '보이지 않는 무게감'으로서는 매우 효과적인 방법이므로 가능하다면 해 보세요.

예를 들어, 평소에도 시답지 않은 일로 당신에게 시비를 거는 상사가 지금 당신에게 또 그러고 있다고 해 봅시다. 그때 그 사람이 눈치채지 못하도록 발 절반 정도의 거리(10cm 정도)만큼 살짝 다가

가세요.

그저 10cm라도 개인 영역을 침범하면 사람은 무척 압박감을 느끼고 뒤로 밀리는 듯한 느낌이 듭니다.

그리고 그 압박감을 느낄 때 물리적으로뿐만 아니라 정신적으로도 압박되고 강한 감정이 사그라들게 됩니다. 하물며 하려던 말도 잊게 됩니다.

당신은 이 방법으로 상대를 압도하고, 상대방이 당신을 휘두르려는 것을 꺾어버릴 수 있습니다.

이 방법은 상대보다 정신적으로 우위에 서는 방법으로서 아주 큰 효과가 있습니다. 우리는 누군가에게 비난당하면 저도 모르게 뒤로 한 걸음 물러서는 경우가 많습니다.

하지만 사실 거기서 물러서면 상대는 지배력을 느껴 더욱 위압적으로 다가가려 합니다.

그런데 반대로 은근슬쩍 반걸음 앞으로 나와 상대의 '불편한 영역'에 들어가면, 재미있게도 상대는 기세가 꺾여 오히려 한발 뒤로 물러나게 될 것입니다.

'혼날 때 앞으로 나서면 대든다고 생각되는 거 아닌가?'라고 생각할지도 모르지만, 실제로는 그렇지 않습니다.

물론 대놓고 성큼성큼 다가가면 도발로 간주할 수 있지만, 눈치채지 못하게 10cm 정도씩 거리를 좁히면 알게 모르게 압박감을 느껴 상대 쪽에서 먼저 기세가 꺾이고 말 것입니다.

그래도 의도적으로 상대와의 거리를 좁히기가 어렵다면 다음과 같은 생각을 하며 시도해 보세요.

'상대의 말에 너무 집중하다가, 나도 모르게 앞으로 몸이 기울어져 버렸다.'
'속 깊이 반성하느라 상대의 이야기에 집중하다 정신 차려보니 앞으로 한 발짝 다가가 있었다.'

즉, "네."하고 대답하며 집중한 모습으로 조금씩 상대에게 다가가는 것입니다.

또한, 사과할 상황이라면 사과하면서 앞으로 나가도 좋습니다. 그러면 상대는 대응할 수 없을 것입니다.

휘둘리지 않는 말투, 거리감 두는 말씨

'더 말씀해 주세요.', '더 가르쳐 주세요.'라는 분위기를 풍기며 상대에게 한 발짝씩 은근히 다가가며, 보이지 않는 무게감을 연출하는 것입니다.

그렇게 생각하면 좀 더 실천하기 쉬워질 것입니다.

12 | 일단 침묵하라

거절하는 방법에 '생각하는 척 침묵한다.'라는 것이 있듯이, 침묵은 평상시에 최고의 무기가 되어 줍니다.

상상해 보세요.

과묵한 사람은 감정이나 생각을 읽기 어렵습니다. 게다가 침묵은 누구에게나 어색한 것입니다. 이런 어려움, 어색함도 일종의 무게감입니다. 바로 그 침묵을 이용하는 것입니다.

가만히 있는 것만으로도 무게감이 생긴다는 것. 일단 입을 다무는 것도 휘둘리는 체질을 바꿀 수 있는 훌륭한 방법입니다.

예를 들어, 상대가 갑자기 감정이 격해져 화를 내는 경우 일단 입을 다무는 것이 가장 좋습니다.

겁먹은 표정을 짓는 것도, 굳이 공감을 표하는 것도 아니고, 평온한 얼굴로 그저 입을 다무는 것입니다. 냉정하게, 상대가 말하는 것을 이해하려고 하고 있다는 느낌의 표정을 지어주세요.

휘둘리지 않는 말투, 거리감 두는 말씨

꼭 그렇게 생각해야 한다는 것이 아니라, 상대방의 눈에만 그렇게 보이면 됩니다.

13 | 정색을 효과적으로 사용하라

정색한 표정만으로도 무게감을 주긴 하지만, 이 방법으로 그 표정을 더욱 효과적으로 사용할 수 있을 것입니다.

예를 들어 상대방이 당신에게 불쾌한 농담을 했을 때, 한쪽 입꼬리만 올려 살짝 웃는 듯한 표정을 지은 뒤 정색합니다.

당신은 아무 말도 하지 않았고, 잠깐이지만 살짝 웃는 표정도 보여주었습니다.

하지만 그 이후 보여준 표정으로 '무언가 생각하고 있다.', '상대에게 동의하지 않는다.'라는 느낌을 보여주는 것입니다.

이 방법은 약간의 응용편이라고 할 수 있습니다. 일단 기억해 두고, 적용 가능하다고 생각될 때 한 번 시험해 보세요.

14 | 둔한 척하라

휘둘리기 쉬운 사람은 대개 상대의 감정이나 생각을 지나치게 살피려 하는 경향이 있습니다.

이리저리 눈치를 살피느라 몸을 가만두지 못합니다. 게다가 감정과 행동이 분리되어 있지 않기 때문에 상대의 감정이나 생각에 대한 자신의 반응도 훤히 보입니다. 쉽게 말하면 약점을 잘 드러내는 것이죠.

그러니까 상대방은 당신을 마음대로 통제할 수 있는 사람으로 간주해 지배하려 들고, 실제로도 상대에게 지배당할 확률이 높습니다.

사람을 휘두르는 유형의 사람은 종종 무언가 생각하는 듯한 태도를 보입니다.

상대가 무언가 해 줬으면 좋겠다는 것을 굳이 말로 나타내지 않고 태도로 보여주며 상대방이 먼저 움직여주기를 기다리는 것이죠.

입으로는 괜찮다고 말하지만, 그 말은 표면적인 것일 뿐이고 사실은 해 주었으면 한다는 것이 본심입니다. 상대를 배려하려는 사람을 목표로 삼는 것이 당연합니다.

이렇게 해서 상대방은 '나는 부탁하지 않았는데 네가 나서서 해 줬다.'라는 상황을 잘 만들어 냅니다.

상대방은 나는 딱히 부탁하지 않았다는 회피적인 태도를 보이면서 당신이 지속적으로 자신의 부탁을 들어주기를 원하고 있을 것입니다.

반면, 당신은 상대방의 눈치를 살피며 자발적으로 상대가 원하는 것을 들어주려고 하고 있겠지요. 당신도 모르는 새 상대의 지배 아래에 놓이게 된 것입니다.

이러한 악순환을 근본적으로 차단하려면 여기에서 소개하는 '둔한 척'하는 방법을 사용하면 됩니다.

배려심이 많은 성격을 타고났다면 어쩔 수 없지만, 상대가 필요로 하는 것을 알아차려도 반응하지 않고, 움직이지 않으면 됩니다.

상대가 당신에게 보내오는 여러 가지 신호를 작정하고 못 본 척하면 되는 것이죠.

휘둘리지 않는 말투, 거리감 두는 말씨

이 방법을 실천할 때의 포인트는 상대방의 본심이 아닌, 표면적인 말 쪽에 반응하는 것입니다.

아무리 상대가 은연중에 신호를 보내도, 이를 의도적으로 간과하는 것이죠. 그리고 "아니, 괜찮아.", "딱히 부탁한 건 아니야."라는 말에 "아, 그래?", "괜찮군요."라고 대응하는 것입니다.

상대방은 당신이 숨겨진 본심에 반응하기를 원하고 있는데 당신은 표면적인 말에 반응하는 것입니다.

이와 같이, 상대방의 기대와 상반되는 대응을 계속하면 상대는 '이 사람은 제대로 말하지 않으면 해 주지 않는다.'라고 깨닫습니다.

이 시점에서 상대방은 당신을 더 이상 마음대로 휘두르기 어려운, 독립적인 사람이라고 간주하게 됩니다.

상대방의 부탁에 응할지 말지도 당신 하기 나름입니다. 당신과 상대의 관계는 더 이상 갑을 관계가 아니라 개인 대 개인의 대등한 관계가 되는 것입니다.

15 | "의견 없습니다."라고 단호하게 말하라

사람을 휘두르는 유형의 사람은 틈만 나면 자신의 견해나 의견을 강요해 동조시키려고 합니다. 사람을 지배하에 두려고 하는 사람이기 때문에 당연합니다.

아마 지금 당신을 마구 휘두르고 있는 사람도 마찬가지일 것입니다. 그리고 당신이 지금 그 사람에게 휘둘리는 것은 그 사람과 같은 생각을 해야 한다는 강박감을 가지고 있기 때문일 수도 있습니다.

만약 그렇다면, 아무 생각이 없는 것처럼 행동하세요. 애초에 아무 생각이 없는 사람은 생각을 강요받을 일이 없으니까요.

"너는 이것에 대해서 어떻게 생각해?"라고 물었을 때, 만약 당신이 대답을 망설이거나, 혹은 어설프게 대답하거나, 상대와 의견이 다르다면, "아무것도 모르네."라며 공격할지 모릅니다.

대답을 망설이는 경우에도, 어설프게 대답하거

휘둘리지 않는 말투, 거리감 두는 말씨

나 상대와 의견이 다른 경우에도 상대는 그런 당신을 깔볼 것입니다. 그렇기 때문에 당신이 표적이 된 것일지도 모릅니다.

물론 그중에는 업무에 관한 것 등 뚜렷한 의견을 전해야 하는 화제도 있을 것입니다.

하지만 정치나 경제 뉴스, 혹은 인생 철학이나 사상 등 굳이 상대방과 이야기할 이유가 없는 화제나 몰라도 전혀 지장 없는 화제도 많습니다.

다음부터 그런 주제에 대해 질문받으면 분명하고 단호하게 이렇게 말합시다.

"그에 대해 저는 의견이 없어서 모르겠습니다."

사실 서투르게 대답하려고 하는 것보다 "의견이 없다.", "모른다."라고 확실하게 잘라 말해 버리는 편이 더 좋은 인상을 줍니다.

왜냐하면, 깨끗하게 의견이 없다고 잘라 말해 버리면 우왕좌왕하며 당황하는 모습이나 억지로 지어낸 엉터리 의견을 말하지 않아도 되기 때문입니다.

모르는 것을 안다고 얼버무리려니 당신은 힘들어지고, 점점 스스로를 궁지에 몰아넣게 됩니다.

그렇지만 오히려 먼저 나서서 "그에 대해서는 의견이 없다.", "잘 모른다."라고 잘라 말해 버리면 열등감도 굴욕감도 느끼지 않고, 따라서 상대의 의도대로 동요할 일도 생기지 않을 것입니다.

게다가 미리 의견이 없다고 말해 버리면 '어떻게 대답할까.', '상대방과 같은 의견이어야 할까.'하고 머리를 굴리지 않아도 됩니다.

단지 상대와 대화를 하기 위해 관심 없는 분야에 대한 정보 수집에 시간이나 노력을 들일 필요도 없습니다.

즉, 상대에게 주도권을 빼앗기고, 또 시간과 노력까지 들이는 이 지극한 헛수고를 피할 수 있습니다.

그래서 이런 대화에는 적극적으로 "그것에 대해서는 의견이 없기 때문에 모른다."라고 단호하게 말하는 것이 좋습니다. 이렇게 나오면 상대방은 할 말이 없습니다.

간혹 "중요한 주제인데 왜 의견이 없니?"라고 물고 늘어지는 사람도 있을 수 있지만, 거기에서도 똑같이 대응하면 됩니다.

"아직까지는 딱히 생각해 본 적이 없습니다."
"앞으로 관심이 생길지도 모르지만 아직은 관심이 없어서 생각 안 하고 있어요."

어쨌든 지금은 그것에 관해 이야기할 생각이 없다고 명확하게 말하면 그 이상은 추궁할 수 없습니다.

이 방법을 몇 번 사용하고 나면 의견이 없어도, 주제에 대해 잘 몰라도 전혀 두렵지 않을 것입니다. 사람들과의 대화가 점점 편해질 수 있는 방법이니 꼭 사용해 보세요.

메신저에서
휘둘리지 않는
방법 5가지

요즘은 일상적 연락 수단으로서 전화보다도 카카오톡이나 페이스북 메신저 등의 메신저 앱을 사용하고 있는 사람이 대부분입니다. 편리하지만, 여기에서도 상대에게 휘둘리는 사람들이 있습니다.

예를 들면, 끝없이 이어지는 단체방 메시지, 장문의 메시지를 보내오는 친구가 있습니다.

모두 필요한 메시지가 아닌 것을 알면서도 읽고 무시할 수도 없고, 읽고 답을 하느라 항상 시간을 낭비하게 되어버리죠. 당신도 이런 적이 있을 것입니다.

결론부터 말하자면, 필요 없다고 생각하는 상

휘둘리지 않는 말투, 거리감 두는 말씨

대는 곁에 두지 않으면 됩니다. 다만, 여기에도 방법이 있으니 이 장의 마지막에서 소개하겠습니다.

먼저 기본적인 규칙 세 가지를 설명하겠습니다. 이 세 가지는 서로 관련되어 있는데, 일단 하나씩 살펴보도록 하겠습니다.

첫 번째, 인스턴트 메시지에서는 정중하지 않기입니다.

편지의 대체품이 된 이메일과는 달리 메신저 앱은 '짧고 간략한 용건 주고받기'를 위해 만들어진 것입니다.

휘둘리기 쉬운 사람은 아마 누구에게나 '좋은 사람'일 것입니다. 그런 사람일수록 받은 메시지에 하나하나 정중하게 답하지 않으면 안 된다고 생각합니다. 그래서 모든 메시지에 답장하느라 정신이 없습니다.

그러니 무엇보다 '정성스럽게 답장해야 한다.'라는 생각을 버리세요.

두 번째, 상대의 페이스에 맞추지 않기입니다.

만나서 대화를 나누다 보면 나도 모르게 상대방이 말하는 속도나 말투에 맞춰서 말하기 쉽습니다.

대수롭지 않게 생각할 수 있지만, '말투'라는 것은 상당히 중요합니다. 당신이 심리적으로 상대를 따르고 있다는 것을 은연중에 보여주기 때문에 상대가 당신을 휘두르는 관계로 이어지기 쉽습니다.

메신저 앱에서도 비슷한 일이 일어납니다.

상대방이 답장하는 빈도에 맞추어, 상대의 답장 길이, 어투에 맞게 답장하고 있지는 않습니까?

그렇다면 이제부터는 상대방에게 맞추지 않겠다고 마음먹어야 합니다.

어떻게 하면 상대방의 페이스에 맞추지 않을 수 있을까에 대한 대답이자, 세 번째 규칙은 다음과 같습니다.

휘둘리지 않는 말투, 거리감 두는 말씨

세 번째, '언제나 짧고 간단하게 답장하는 사람이다'라는 이미지를 세뇌시키기입니다.

당신이 딱히 메시지에 정중하게 답하지 않는, 짧고 간단하게 답하는 사람이라는 이미지가 굳어지면, 상대는 당신에게 기대하지 않게 되어 당신을 휘두르는 것을 포기할 것입니다.

앞서 말한 것처럼, 상대의 페이스에 맞추지 않기 위해서 중요한 것은 상대를 체념하게 하는 것입니다. 항상 조금은 무뚝뚝한 감정으로 상대를 대하는 것이 효과적입니다.

타인의 기대에 휘둘리고 싶지 않다면 평상시에 자주 상대를 실망하게 해 기대감을 낮춰 상대가 나에게 어떠한 기대감도 가지지 않도록 합시다.

그러면 이제 구체적인 방법을 소개해 보도록 하겠습니다.

1 │ 자신은 '답장이 빠르지 않다'고 먼저 선수를 쳐라

이미 설명했듯이 '원래 그런 사람'으로 생각하게 만드는 것이 가장 중요한 포인트입니다. 그래서 새로 만난 사람에게 처음부터 그런 사람이라고 자기를 소개하면 좋습니다.

예를 들어, 카카오톡이라면 상태 메시지에 '답장이 빠르지 않습니다.'라고 적어둡니다.

혹은 카카오톡 ID를 교환하거나 SNS 계정을 알려줄 때,

"카카오톡 답장이 그다지 빠르지 않습니다."
"SNS는 자주 확인하지 않습니다. 답장이 빠르지 않을 수 있어요."

라고 직접 말하는 것도 좋습니다.

2 | 무뚝뚝한 답장에
   친절함을 더하라

인간관계는 친절함과 무게감의 균형이 중요하다는 것을 거듭 강조했습니다.

'항상 짧고 간단하게 답장하기' 또한 상대방에게 맞춰주지 않고 자신의 페이스를 유지한다는 점에서 일종의 무게감이라고 할 수 있습니다.

아마 당신은 자신이 쓴 답장을 보고 너무 무뚝뚝하다고, 예의 없다고 생각하지 않을까 하고 걱정이 될 것입니다.

그렇다면 거기에서 상대의 기분을 나쁘게 하는 일이 없도록 약간의 친절함을 더해 보세요.

다만 어디까지나 '약간'입니다. 부담스러울 정도로 친절해선 안 됩니다.

메신저 앱에서는 자신의 페이스를 유지하는 것이 중요하기 때문에, 과하게 친절하게 굴지 않는 것을 우선으로 생각해야 합니다.

쓸데없는 말은 하지 않고 아주 약간의 친절을

보이는 방법은 3가지입니다.

첫 번째, 물결표(~), 느낌표(!)와 같은 문장부호 사용하기입니다.

같은 한마디의 답변에서도 다음과 같이 인상이 크게 바뀝니다.

- 이해했습니다 → 이해했습니다!
- 그렇군요 → 그렇군요~ / 그렇군요!
- 알겠습니다 → 알겠습니다~ / 알겠습니다!
- 그렇게 합시다 → 그렇게 합시다~ / 그렇게 합시다!
- 감사합니다 → 감사합니다~ / 감사합니다!

이처럼 문장부호를 사용하면, 무뚝뚝한 답장을 친절하게 포장할 수 있습니다.

두 번째, 이모티콘을 이용하기입니다.

같은 "알겠습니다."라도 이모티콘을 사용하면 무뚝뚝한 답장이라도 전혀 기분이 나쁘지 않을 수

휘둘리지 않는 말투, 거리감 두는 말씨

있습니다.

- 알겠습니다 → 알겠습니다 ☺

이모티콘은 하나로 충분합니다. 메신저 앱만의 이점은 확실히 활용하는 것이 좋습니다.

세 번째, 이름 활용하기입니다.

우선 다음을 비교해 봅시다.

- 알겠습니다.
- 알겠습니다. -김○○-

단 한마디의 답변에서 마지막으로 자신의 이름을 함께 보내는 것만으로도 정중해 보인다는 인상을 줄 수 있습니다.

이는 상사나 윗사람 등 예의를 갖추어야 하는 상대에게 적용하면 효과적입니다.

3 | 감정을 드러내지 마라

메신저 앱의 기본 개념으로 앞서 조금은 무뚝뚝
한 감정을 유지하는 것이 효과적이라고 했습니다.

'나는 늘 짧고 간단하게 답장하는 사람'이라는
자세를 계속 보여주는 것이 중요하기 때문이었죠.

이것의 연장선에서 보면, 문장에서 감정을 드러
내지 않는다는 것도 당연한 논리입니다.

방법 ②에서 무뚝뚝한 답장을 완화하는 요령
중 하나로 느낌표(!)의 사용을 소개했습니다.

다만 이것은 어디까지나 아주 약간의 친절함을
더하기 위한 것뿐임을 기억하세요.

'감사합니다!', '그럽시다!'처럼 친절함을 아주
약간만 더하더라도 충분히 효과를 낼 수 있습니다.
그러니 너무 과한 반응을 하지 마세요.

아무리 기쁜 상황이더라도

'감사합니다~~~~~~!!!'
'그럽시다~~~~~~!!!'

휘둘리지 않는 말투, 거리감 두는 말씨

와 같이 메시지를 보내는 것은 감정 표현이 지나쳐 보입니다.

너무 과한 감정으로 반응하면, 다음에 평상시의 감정으로 답장할 때와 눈에 띄는 차이가 나타나 서로 비교될 것입니다.

따라서 매번 다른 감정으로 답장하는 것은 좋지 않습니다.

좋은 감정도 나쁜 감정도 가능하면 드러내지 않고 언제나 무난한 감정으로 답신하는 것을 기본 원칙으로 삼읍시다.

그렇게 하기 위해서는 이모티콘의 사용에도 주의해야 합니다.

이모티콘을 사용한다고 해도, 방법 ②에서 설명한 약간의 친절을 더하는 요령으로 답장 한 번에 무난한 이모티콘 한 개 정도만 사용합시다.

또, 느낌표뿐만 아니라 물음표도 마찬가지로 연발하지 않는 것이 좋습니다.

질문할 때 '이건 △△라고 하는 거야? 아니면

○○? 그렇다면, 이건 어떻게 해?'와 같이 연속적인 질문을 하게 되면 감정적으로 다그치고 있다는 인상을 줍니다.

즉, 물음표(?)를 연발하면 상대에게 내 감정을 보여주게 되기 때문에 인스턴트 메시지에서의 기본 철칙이 무너지는 것이죠.

그러니, 질문할 때는 '이건 △△라고 하는 거야? 아니면 ○○인가. 그러면 이걸 어떻게 할까…….' 이처럼 물음표를 대신할 수 있는 문장부호를 섞는 것이 좋습니다.

4 | 무난하고 깔끔하게 답하라

장문의 메시지가 왔을 때도 기본 원칙에 따른
다면 어떻게 답해야 할지 망설일 필요가 없습니다.

별로 가까이하고 싶지 않고 귀찮은 상대라면 앞
서 언급한 방법들을 사용하여 본인이 언제나 짧고
간결하게 답장하는 사람인 것처럼 보이세요.

하지만 장문의 푸념이나 상담에 '알겠습니다.',
'그렇네요~'하고 답하기는 어려울 것입니다.

그렇다고 내키지 않는 상대에게 장황한 답장을
보낼 필요는 없습니다. 무난한 '겉치레용 답장'을 보
내는 방법을 사용하면 됩니다.

이는 특별한 방법이라 할 수 없을 만큼 간단합
니다.

무난한 '겉치레용 답장'을 보내려면 상대에게 공
감하는 말을 짧게 보내기만 하면 됩니다. 이때, 꼭
진심을 담아 공감하고 있지 않아도 됩니다.

긴 푸념에 대해서는 '맞아, 그런 것은 좀 싫다.',
상담에 대해서는 '그렇게 고민하는 마음 이해해.'와

같이 보내는 것입니다.

이때는 인용 답장 기능을 쓰면 좋습니다.

카카오톡에도 페이스북 메신저에도 상대방의
메시지를 인용하여 답장할 수 있는 기능이 있습
니다.

이를 사용하면 제대로 읽고 답장했다는 느낌을
줄 수 있습니다. 그 덕분에, 답장의 길이 자체는 짧
아도 결코 대충 답장했다거나 무신경한 느낌은 들
지 않습니다.

아마 휘둘리기 쉬운 사람은 푸념이나 상담의
장문 메시지를 받고 열심히 내용을 생각하고 답신
을 보내왔을 것입니다.

그러나 메신저 앱으로 그렇게까지 정성스러운
대화를 이어가긴 쉽지 않습니다. 앞서 설명했던 대
로, 원래 메신저 앱이라는 것이 정중하고 깊은 대
화에 적합하지 않습니다. 카카오톡은 특히 그렇습
니다.

누구나 그런 경험이 있겠지만 카카오톡에서는
너무 긴 글을 보내면 전체 보기를 클릭해 따로 창

을 띄워야 합니다. 이것이야말로 카카오톡이 장문을 보내는 용도로 만들어진 것이 아님을 보여주는 증거라고 할 수 있습니다.

기존의 상식으로 보면 실례가 될 수 있겠지만, 이러한 대화법을 기본으로 하여 만들어진 것이 바로 메신저 앱입니다. 그렇기 때문에 짧고 간결한 대화를 나누는 것은 전혀 상대에게 실례가 되는 행동이 아닙니다.

즉, 거기서 장문 메시지를 보내는 쪽이 오히려 이상하다는 것입니다. 그러니 당신은 상대방의 페이스에 맞출 필요 없이, 이 앱의 목적에 따르면 됩니다.

그렇게 생각하면 딱히 죄책감 없이 무난하게 겉치레용 답장으로 간단히 답할 수 있게 될 것입니다.

물론 진심으로 정성스럽게 답장하고 싶은 상대에게는 마음을 담아 장문으로 답을 보내도 좋습니다.

5 | 거절하고 싶을 때 '가짜 약속'을 꾸며내라

마지막은 끝없이 이어지는 대화를 끝내고 싶을 때 사용하는 방법입니다.

이런 상황은 가짜 약속을 꾸며내는 것으로 간단하게 해결 가능합니다.

"아, 슬슬 나갈 준비를 해야 해."

"미안, 지금부터 미팅 들어가야 해서. 다시 연락할게."

"우와, 벌써 이 시간이야! 내일 일찍 일어나야 해서 이제 자야 해."

이처럼 얼마든지 거짓말을 할 수 있습니다. 당신에게 답장할 수 없는 다른 사정이 있다고 하면 상대도 더 이상 메시지를 보내지 않을 것입니다.

거짓말을 하는 행위가 거부감이 들 수 있겠지만, 이것이 오히려 상대방의 마음을 편하게 해 주는 행동이라고 생각하면 어떨까요?

거짓말을 하지 않고 "이제 꽤 늦어졌으니, 슬슬 그만할까?"라고 말하면 상대는 상처받을 것입니다. 그러니 선의의 거짓말로 이후의 일정을 핑계로 대는 것입니다.

이는 상대방에 대한 배려임과 동시에 무게감을 통해 대화의 주도권을 잡는 방법입니다.

이상 메신저 앱에서의 대화에 대한 기본적인 내용입니다.

모두 당신에게 큰 의미는 없지만 미움받으면 곤란한 상대에 대한 대응법이니 당신이 아끼는 사람들에게는 이 방법을 무시하고 당신의 방법대로 대해도 좋습니다.

이 장에서 소개한 '보이지 않는 무게감'의 방법은 어땠나요?

상대를 직접적으로 공격하지도, 위압적인 태도를 보이지도 않고 상대가 알아채지 못하게 은근슬쩍 분위기의 주도권을 잡는 것, '무게를 잡는다'라는 이 책의 의도를 이해하셨나요?

보이지 않는 무게감

이 장에서는 끌려다니는 성격을 바꾸기 위해 '보이지 않는 무게감'을 자아내는 법에 대해 설명했습니다.

인간관계는 친절함과 무게감의 균형으로 이루어져 있기 때문에 은근한 무게감을 지니고 행동한다면 갈등 없이 상대와 평화로운 관계를 이어나갈 수 있을 것입니다.

진지하게 듣는 척하기, 집중하는 척하기, 눈으로 의사소통하기, 바쁜 척하기, 상대의 대답에 연연하지 않고 인사하기, 자책감을 앞세워 사과하기, 지병 핑계 대기, 바쁜 상황 연출하기, 나를 시험하는 상대에게 단호하게 대처하기, 상대의 한쪽 눈만 쳐다보며 대화하기, 개인 영역 침해하기, 침묵하기, 정색하기, 둔한 척하기, 의견이 없음을 강력하게 말하기.

위와 같은 기술을 사용하면 주변 사람들이 당신을 친절하면서도 무게감 있는 사람이라고 인식하게 만들 수 있습니다.

하지만 요즘은 SNS가 발달되었기 때문에 대면으로 하는 대화만이 전부가 아닙니다. 그렇지만 걱정하지 않아도 됩니다. 카카오톡 등 메신저 앱을 사용할 때의 대처법도 있으니까요.

당신이 답장이 빠르지 않은 사람임을 미리 말하는 것, 문장 부호 등을 사용해 무뚝뚝한 답장에 친절함을 살짝 더하는 것, 감정을 드러내지 않는 것, 무난하고 깔끔하게 말하는 것, 거절해야 할 때는 가짜 약속을 꾸며 내는 것.

이러한 방법을 사용한다면 메신저 앱을 통해 대화할 때도 상대방에게 보이지 않는 무게감을 줄 수 있을 것입니다.

이 장에서 설명한 방법을 통해 '보이지 않는 무게감'을 발휘해 보세요.

상대와의 대화에서 은근슬쩍 분위기의 주도권을 잡음으로써 상대가 당신을 휘두르는 상황에서 벗어날 수 있을 것입니다.

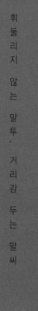

휘둘리지 않는 말투, 거리감 두는 말씨

5장

사람을 끄는 매력적인 인간이 되는 법

매달리지
말고
끌어당겨라

    모든 인간관계에 있어 당신이 상대에게 발휘하는 힘에는 두 종류가 있습니다. 하나는 매달리는 힘, 다른 하나는 끌어당기는 힘입니다.

    아마 이 책을 읽고 있는 사람들은 끌어당기는 힘을 발휘하는 것을 어려워해 대부분 매달리는 힘에 의지하고 있을 것입니다. 물론 매달리는 힘에만 의지해도 인간관계는 구축할 수 있지만, 그것은 가성비가 좋지 않은 방법입니다.

    상대에게 매달리려고 하면 할수록 당신의 끌어당기는 힘은 떨어집니다. 그와 동시에 매달리는 것만으로 상대와 관계를 유지하는 '관계의존증'에 빠지게 됩니다. 그러면 상대는 매달려 있기 때문에

나는 노력하지 않아도 된다는 식으로 당신을 깔보
거나 혹은 의존적이다, 귀찮다고 생각합니다.

이 상황에서 여전히 매달리기만 한다면 상대는
마치 당신을 부하나 자신의 일부인 것처럼 여겨 생
각하는 대로 움직이게 하려고 할 것입니다.

자신에게 잘 보이기만 하려는 사람은 쉽게 제어
가능한, 자기 아래에 있는 사람이라고 생각하게 되
기 때문입니다.

이것을 바로 휘둘리고 있는 상태라고 하는 것입
니다.

이 상태를 벗어나 상대와의 갑을 관계를 해소
해 나가기 위해 끌어당기는 힘을 의식하고 발휘해
야 합니다.

끌어당기는 힘이란, 바꿔 말하면 '카리스마'입
니다. 카리스마 있는 사람은 먼저 다가가지 않고도
주위 사람들을 자신에게 끌어당깁니다. 그런 매력
있는 인간이 되자는 이야기입니다.

매달리는 성향을 억제하고 카리스마 있게 사람
을 끌어당깁시다. 어떻게 하면 그런 힘을 발휘할 수

있게 될까요?

어렵게 들릴 수 있지만, 요령만 알면 누구나 할 수 있습니다.

그 요령이란, 자신에게 보이지 않는 부분을 만들어 신비로운 존재가 되는 것입니다.

조금 더 자세히 말하면 나의 모든 것을 드러내지 않으면서도 당당히 남 앞에 나서는 것을 두려워하지 않는 것입니다.

드러내지 않는다고 하면 가능한 한 사람들 앞에 나서지 않는 것처럼 생각할 수도 있지만, '드러내지 않는 것'과 '당당히 사람들 앞에 나서는 것'은 모순되지 않고, 양립 가능합니다.

감정은 드러내지 않는다.

자신의 쓸데없이 많은 정보도 될 수 있으면 밝히지 않는다.

하지만 당당한 태도를 유지한다.

쉽게 말하면, 상대방이 당신을 궁금하게 만드는 것입니다. 당신이 모든 것을 드러내지 않으면 상대방은 '이 사람이 어떤 생각을 하고 있을까.'하고 상상하게 됩니다.

상대방에게 신경 쓰이는 존재가 되는 것입니다. 이때 비로소 당신의 친절함과 무게감의 균형이 갖추어져, 누구도 당신을 깔보지 않고 존중하게 하는 첫걸음이 됩니다.

이 책의 시작에서 휘둘리지 않기 위해서는 자신의 마음과 다른 행동을 하면 된다고 말했습니다.

왜냐하면, 휘둘리기 쉬운 사람은 마음을 너무 열고 있기 때문에 상대방에게 기회를 비집고 들어갈 틈을 준다는 이야기였지요.

벌써 이해했을 수도 있지만, 마지막 장에서 말하려 하는 것은 지금까지 설명해왔던 것들과 모두 연결되어 있습니다.

매달리는 힘에 의지하는 사람은 "나를 이해해 줘, 나를 좋아해 줘, 나를 인정해 줘."라고 하면서 지나치게 자신의 마음을 드러내고 있습니다. 그 때문에 휘둘리는 관계성에 빠지기 쉽습니다.

그러니 앞으로는 지금까지 너무 많이 사용하고

있던 매달리는 힘이 아닌, 끌어당기는 힘에 집중합시다.

이를 위해 감정은 드러내지 않고 정보도 될 수 있으면 밝히지 않으면서도 당당한 태도를 유지해야 합니다.

즉 Method 1에서 말한 '상대보다 한 단계 위에 있다.'라는 의식과 행동으로 상대를 대해, '멋진 사람'이 되는 것입니다. 앞서 말한 Method 1의 다섯 가지 규칙을 일상에 도입하여 실천해 보시기 바랍니다.

그러면 당신은 감정을 드러내지 않고 정보도 되도록 밝히지 않는, 그러나 태도만은 당당하게 함으로써 당당하고 매력적인 사람으로 다시 태어날 것입니다.

왜냐하면, 사람의 매력이란 보여주는 부분과 보여주지 않는 부분의 곱셈으로 결정되기 때문입니다.

보여주는 부분이 100이고 보여주지 않는 부분이 제로(0)라면 100 × 0으로 매력은 제로가 되겠죠?

이것은 의외로 사람들이 많이 간과하는 점입니다. 이해되고, 평가되고, 받아들여지고 싶은 나머지 100:0으로 자신의 모든 것을 보여줘 버립니다. 관계에서 매달리게만 됩니다.

그 결과 상대방이 당신에 대해 가져야 할 궁금증을, 흥미를 잃고, 나아가서는 휘둘리는 갑을 관계에 빠지게 되는 것입니다.

당신의 매력은 보여주지 않은 부분을 얼마나 늘리는가에 달려 있습니다. 인간은 종종 빛보다 그림자 부분에 마음이 끌리기 마련입니다.

보여주지 않은 부분이 늘어나면 주위 사람들은 거기에 뭔가 매력을 느낍니다. 그중에는 그 보여주지 않은 부분에 관심을 가지고 당신에게 적극적으로 접근하는 사람도 있을 것입니다.

이처럼 특정 누군가와 거리가 좁혀졌을 때 쌓아 올리는 관계는 지금까지 휘둘리기 쉬웠던 갑을 관계와는 다를 것입니다.

왜냐하면 끌리고 있는 것은 상대 쪽이며, 친해

질지 잘라낼지, 어느 정도의 거리를 유지할지의 주도권은 당신에게 있기 때문입니다.

매력이라는 힘을 발휘할 수 있게 되면 당신을 휘두르는 사람은 없어질 것입니다. 누구와 가까워지든 이제 그것을 두려워할 필요는 없습니다.

나를 휘두르는 타인으로부터 자신을 지키는 책

휘둘리지 않는 말투
거리감 두는 말씨

초판 1쇄 발행 2022년 3월 28일
초판 2쇄 발행 2022년 9월 1일

지은이 | Joe
기획 편집 총괄 | 호혜정
편집 | 김수하
기획 | 김경민 김민아
번역 | 이선영 김수하
일러스트레이션 | 김경민
표지·본문 디자인 | 이선영
교정교열 | 호혜정 진유림
마케팅 | 이지영 최미남
펴낸곳 | 리텍 콘텐츠
주소 | 서울시 용산구 원효로 162 세원빌딩 606호
전화 | 02-2051-0311   팩스 | 02-6280-0371
이 메 일 | ritec1@naver.com
홈페이지 | http://www.ritec.co.kr
페이스북 | 블로그 | 카카오스토리채널 | [책속의 처세]
ISBN | 979-11-86151-50-1 (03190)

상상력과 참신한 열정이 담긴 원고를 보내주세요. 책으로 만들어 드립니다.
원고투고: ritec1@naver.com